Erik Lindner

Wirtschaft braucht Anstand

Der Unternehmer Wolfgang Grupp

| Hoffmann und Campe |

Foto S. 214: Erik Lindner.
Alle anderen Fotos: Trigema-Firmenarchiv/
Privatarchiv Wolfgang Grupp

1. Auflage 2010

www.hoca.de
Satz: atelier eilenberger, Leipzig
Gesetzt aus der Adobe Garamond Pro
Druck und Bindung: Friedrich Pustet, Regensburg
Printed in Germany
ISBN 978-3-455-50160-5

HOFFMANN
UND CAMPE

Ein Unternehmen der
GANSKE VERLAGSGRUPPE

*»Wir haben immer die Verantwortung für alles gesehen,
was wir tun. Für die Menschen. Für die Umwelt.
Das ist mein prinzipielles Credo, das ich versucht habe,
konstant zu beachten. Das hat mir geholfen, auch schwierige
Jahre zu überstehen. Anständigkeit zahlt sich immer aus.«*

Wolfgang Grupp, 2007

Inhaltsverzeichnis

Einleitung

Herren in den besten Jahren treten ins Bild und erklären sich vor einem Millionenpublikum: »Dafür stehe ich mit meinem Namen«, erklärt in bayerisch-rustikalen Worten Claus Hipp, der Bio-Babykost-Hersteller im dezenten Trachtenjanker. – »Koffein ist der Engel in der Kaffeebohne« oder »Aus Freude am Leben«, sagt der gepflegt-charmante Albert Darboven, in seinem Goldknopfzweireiher ganz Hanseat, und preist damit die Kaffeemarke seines Hauses an. – »Wir werden auch in Zukunft nur in Deutschland produzieren und unsere zwölfhundert Arbeitsplätze sichern«, schmettert der schlanke, immer korrekt gekleidete Wolfgang Grupp, der Inhaber der Firma Trigema, deren Name ein Kürzel für »Trikotwarenfabrik Gebrüder Mayer« ist. Es sind die Häupter familiengeführter Unternehmen, die als prominente Bürgen für ihre eigenen Produkte sprechen, um damit Kunden zu erreichen. Testimonials nennt die Werbebranche diese Art von Werbung, die durchaus Kultstatus erlangen kann. Unvergessen ist etwa der TV-Spot mit »Onkel Dittmeyer«, der mit dem Statement »Entweder frisch gepresst oder Valensina!« für Orangensaft warb. Rolf H. Dittmeyer starb im Mai 2009. Seine Firma war acht Jahre zuvor in die Insolvenz gegangen. Werbung und geschäftlicher Erfolg fallen eben nicht immer zusammen. Die Firmen der drei aktuell auftretenden Herren aber haben Erfolg: Hipp ist der deutsche Marktführer bei hochpreisiger Babynahrung. Darboven verkauft jährlich viertausend Tonnen Idee-Kaffee. Und Trigema produziert jährlich etwa acht Millionen Stück Textilien und bringt sie an den Kunden.

Professionell gedreht erscheinen die kurzen Spots mit Claus Hipp und Albert Darboven. Beide wirken weichgezeichnet, sonnig und sympathisch. Der Schwabe Wolfgang Grupp dagegen kommt im direkten Vergleich geradezu kantig daher: Eingangs sieht der Zuschauer einen mit Plastikbrille, Hemd und Krawatte ausstaffierten Schimpansen, der wie ein Nachrichtensprecher vom Blatt abzulesen scheint und von Trigema spricht. Es folgt eine Luftbildansicht des Hauptwerks in Burladingen. Nach einem weiteren harten Schnitt schreitet der Inhaber eine Phalanx von Näherinnen an ihren Maschinen ab und hisst mit wenigen Worten unter Hinweis auf Arbeitsplatzsicherung die Flagge des »Made in Germany«.

Seit 1996 kommt dieser TV-Spot wenige Augenblicke vor dem Beginn der *Tagesschau* im Ersten Programm der ARD. Dies ist einer der teuersten Werbeplätze, die man buchen kann. Zwanzig Sekunden, bis zu viermal monatlich, und entsprechend summiert sich die Einnahme für den Werbezeit vermarktenden öffentlich-rechtlichen Sender auf bis zu zwei Millionen Euro pro Jahr. Trigema zahlt diesen Preis mit links und sieht keinen Anlass, eine andere Machart zu wählen. Mehr Kundenwerbung betreibt die Firma derzeit kaum. Ihr deutschlandweiter Bekanntheitsgrad ist dank des Spots mit dem Schimpansen und dem Firmeninhaber enorm. Weithin wird angenommen, er laufe fast jeden Tag, so vertraut ist er dem auf die *Tagesschau* wartenden Publikum mittlerweile.

Wolfgang Grupp wurde dadurch zum personifizierten Werbe- und Bannerträger seines Unternehmens, das so alltägliche Produkte wie Sweatshirts, Slips und Unterhemden herstellt.

Die Werbeauftritte von Claus Hipp und Albert Darboven erscheinen freundlich und vertrauenerweckend. Die Mach- und Tonart der Werbung mit Wolfgang Grupp bringt dagegen viele Betrachter dazu, den Kopf zu schütteln. Wie kann man nur …? Ist der Stil des aufnahmetechnisch amateurhaft erscheinenden Spots in Kombination mit der treudeutsch klingenden Aussage dem Image der Marke Trigema nicht eher abträglich? Oder ist er gerade wegen seiner scheinbar unprofessionellen Inszenierung kurios anzuschauen und damit ein Geniestreich? Letzteres könnte zutreffen, denn schließlich bleibt das Zwanzig-Sekunden-Filmchen beim Betrachter in plastischer Erinnerung. Was kann Werbung mehr erreichen? Wolfgang Grupp, der Unternehmer mit dem Affen, gehört auf jeden Fall zum deutschen Fernsehabend. Die einen winden sich angesichts des Spots, andere finden ihn längst »kultig«. Und Trigema lebt offenbar gut mit seinem als Werbebotschafter agierenden Inhaber. Verstärkt wird dessen Wirkung dadurch, dass er seit mehr als zehn Jahren in bundesdeutschen Talkshows auftritt und dort als dezidiert argumentierender Geschäftsmann gegen seinesgleichen und die Auswüchse in den Chefetagen zu Felde zieht.

Aufgrund seiner klaren wirtschaftspolitischen und unternehmensethischen Standpunkte ist Wolfgang Grupp in Deutschland einmalig: Der bekennende Konservative feiert den Kapitalismus und findet es dennoch unerhört, dass sich der Bundestag Anfang 2008 mit der Einführung eines Mindestlohns befassen musste, da die vielerorts gezahlten Niedriglöhne keinen reellen Lebensunterhalt erlaubten. Schändlich sei dies für Unternehmer und Konzerne! Aufgrund dieser Haltung hob Oskar Lafontaine den schwäbischen Unternehmer im Bundestagswahlkampf 2009 während der »Kleinen Elefantenrunde« der Parteichefs von FDP, Die Grünen und Die Linke als löbliches Beispiel hervor.

Ein weiterer Standpunkt des Fabrikanten ist bedenkenswert: Kein Unternehmer der deutschen Textilindustrie, sagt er, sei durch die seit Jahrzehnten gängige Verlagerung der Produktion ins Ausland reicher geworden. Steilmann, Schiesser, Jockey und Escada nennt Grupp als Beispiele dafür, dass deren Inhaber oder Manager kapitale Fehler gemacht und als Unternehmer versagt hätten. Wer aber steht weiter zur uneingeschränkten Produktion in Deutschland? Trigema, die aus der 1919 in Burladingen auf der Schwäbischen Alb gegründeten »Mechanische Trikotwarenfabriken Gebr. Mayer« hervorging. Sie ist heute imstande, mehr als tausend Arbeitern und Angestellten angemessene Löhne und Gehälter zu zahlen und dabei profitabel zu bleiben.

Wolfgang Grupp argumentiert strikt gegen die Globalisierung im Sinne einer kompletten Produktionsverlegung ins Ausland zu Lasten deutscher Arbeitsplätze, die in so vielen Branchen zum Standard geworden ist. Gleichwohl ist er voll des Lobes, wenn es Unternehmern gelingt, in der Form zu expandieren, dass sie im Land neben den Entwicklungsabteilungen ihre Produktion aufrechterhalten und darüber hinaus im Ausland neue Werke aufbauen. Beispiele dafür sind die mit Montage- und Befestigungstechnik immens gewachsene Würth-Gruppe, die am Stammsitz Künzelsau zweitausend Mitarbeiter und weltweit das Dreißigfache dieser Zahl beschäftigt, oder der Feuerungstechnikhersteller Weishaupt.

Für Letzteren arbeiten am Stammsitz in Schwendi bei Biberach rund tausend Leute, und es kommen dank internationaler Marktetablierung noch zweimal so viele Beschäftigte weltweit hinzu. Eine derartige Gewichtung begrüßt Grupp bei anderen, aber er selbst favorisiert für seinen Betrieb die »Lokalisierung«. Dabei kann er auf eine bemerkenswerte, in ihren Details überaus eigenwillige Bilanz verweisen: Seitdem er 1972 die Regie im Familienbetrieb führt, hat Trigema noch nie Kurzarbeit angemeldet. Niemand von der Belegschaft wurde betriebsbedingt entlassen, auch in der jüngsten Finanz- und Wirtschaftskrise nicht. Seit fünfunddreißig Jahren ist Trigema schuldenfrei – und frei von Krediten, denn Grupp finanziert zu hundert Prozent alles selbst. Kein Leasing, keine Lieferantenkredite, keine Abhängigkeit von Geldgebern. Das ist einmalig.

So bleibt der Burladinger der Herr im Haus. Er gebietet über siebenhundert Näherinnen in der Konfektion der drei Fabriken und über Hunderte weiterer Arbeitskräfte, die in der Stoffherstellung, Bleiche, Färberei, Stoffdruckerei, Stickerei, im Lager, in Logistik, Verkauf und Verwaltung tätig sind. Damit ist er einer der wichtigsten Arbeitgeber in der wirtschaftsschwachen ländlichen Region südlich von Tübingen, die einst massiv von der Textilindustrie geprägt war. Zu Dutzenden gab es kleinere und mittlere Betriebe dieser Branche auf der Schwäbischen Alb. Heute ist Trigema in Burladingen der einzige Hersteller, und in der kleinen, fünfeinhalbtausend Einwohner zählenden Kerngemeinde des aus zehn verschiedenen Ortschaften bestehenden Städtchens ist die Firma nahezu allgegenwärtig. Rot und blau sind die markanten Farben des 1969 entwickelten Logos. Es prangt an den weiß gestrichenen Fabrikgebäuden, an den firmeneigenen Lastwagen und allen sonstigen Flächen, die sich damit dekorieren lassen.

Wolfgang Grupp hat seit langem geschäftlichen Erfolg. Da er zudem mitteilungsfreudig in Bezug auf seine unternehmerischen Prinzipien und auch noch redegewandt ist, wurden die Talkshow-Redaktionen auf ihn aufmerksam. Maybrit Illner lud den Schwaben im Oktober 2002 gemeinsam mit Renate Künast, Franz Müntefering und Roland Koch in ihre Sendung *Berlin Mitte* ein, wobei es um die Frage ging, ob der deutsche Wohlfahrtsstaat am Ende sei. Mittlerweile hat der auffallend schmale Herr schon in fast allen Talkshows Platz genommen. Sein strenger Habitus im charakteristischen, eng sitzenden Maßanzug und seine herrische Gestik haben ihn auch auf dem Fernsehschirm zur unverwechselbaren Marke gemacht.

Längst wird der Burladinger aufgrund seiner arbeitsmarktpolitischen Thesen als »Vorzeigeunternehmer« zu Vorträgen eingeladen. Seit einigen Jahren vermittelt ihn die Düsseldorfer Agentur CSA Celebrity Speakers, die Vortragsredner vom Kaliber eines Michail Gorbatschow oder Hans-Dietrich Genscher im Angebot hat. Trotz einer gewissen äußerlichen Steifheit kommt er gut beim Publikum an. Anders als Politikern oder etwa Verbandsvertretern gelingt es ihm mühelos, die Gäste für sich einzunehmen. Vor allem wenn er über persönliche Verantwortung von Führungskräften der Wirtschaft spricht und postuliert, er selbst habe mit allen Mitteln dafür einzustehen, dass seine Belegschaft bei ihm dauerhaft arbeiten könne. Es dürfe niemals dazu kommen, dass er hundert Leute entlassen oder ganze Werke schließen müsse, wie es bei den großen deutschen Textilfabrikanten längst zuhauf vorgekommen ist.

Dieses klare Auftreten macht den Unternehmer Grupp bei vielen Gelegenheiten zu einem Mann des Volkes, im Fernsehstudio oder beim Vortrag. Die von ihm referierten Zahlen sprechen nicht allein für sich, sondern ganz besonders für ihn und seine Haltung: Mehr als zwei Drittel der Betriebe und Arbeitsplätze der von mittelständischen Familienunternehmen dominierten deutschen Textil- und Bekleidungswirtschaft sind seit Anfang der neunziger Jahre verschwunden, fünfundzwanzig allein in Burladingen. Nicht einmal mehr hunderttausend Beschäftigte arbeiten in dieser Branche, was einer Halbierung in einem Jahrzehnt gleichkommt. Der Schwerpunkt dieser weiter schrumpfenden Industrie liegt in Baden-Württemberg und Bayern. Der mit der Produktionsverlagerung ins Ausland eng verknüpfte, seit den sechziger Jahren ablaufende Arbeitsplatzabbau setzt sich stetig fort. Gegenwärtig erzielt der Bekleidungshandel in Deutschland seine Umsätze zu 98 Prozent mit Produkten aus internationaler Fertigung. Dass Trigema mit Beharrlichkeit ein anderes Modell verfolgt und mittels des selbstgestrickt wirkenden TV-Spots mit dem Schimpansen dafür wirbt, dabei Gewinne erwirtschaftet und Arbeitsplätze sichert, ist das Erstaunliche. Das nötigt Respekt ab und lässt die Firma wie das berühmte kleine gallische Dorf im Sturm der aufgrund der Globalisierung vermeintlich zwingenden Produktionsaussiedlung erscheinen.

Wolfgang Grupp ist der bekannteste deutsche Mittelständler und zudem wegen seiner herausfordernden Statements einer mit Unterhaltungswert. Als ihn Harald Schmidt im September 2009 in seine neu gestaltete Sendung einlud, suchte der schlagfertige Entertainer seinen ersten Gast als die »nackte Kanone unter den deutschen Unternehmern« zu karikieren. Ohne Erfolg, denn Grupp weiß sich zu wehren, wenn es darum geht, seine persönliche Überzeugung als Unternehmer vorzutragen. Und dennoch: Er erntet gehörig Spott, mit dem man, aus welcher Richtung auch immer er kommt, leben können muss, wenn man sich wie Grupp exponiert. Eine Kostprobe bietet beispielsweise das Internet-Videoportal YouTube, wo der Trigema-Werbefilm in absurdester Weise persifliert wird.

Empfindlichere Seiten trifft nachhaltige Kritik aus Wirtschaftskreisen, die dazu neigt, Grupp mit seinem auf Deutschland fixierten Geschäftsmodell als lebenden Anachronismus oder gar als »Maskottchen« des schwäbischen Unternehmertums abzutun. Sichtlich irritiert war der Bundesverband der Deutschen Industrie von Grupps Auftreten, das der Lobby- und PR-Arbeit der Institution zuwiderlief. Über Jahre haben sich die BDI-Präsidenten Hans-Olaf Henkel, Michael Rogowski und Jürgen Thumann an Grupp wegen seiner standortpolitischen Thesen gerieben. Schließlich erzählt der, dass es auch anders geht, als von einer großen Anzahl der Verbandsmitglieder praktiziert. Natürlich reklamieren auch diese Arbeitgeber für sich, mit ihrem Einsatz für die Wahrung der internationalen Wettbewerbsfähigkeit und damit für den Erhalt ihrer Unternehmen zu kämpfen, selbst wenn sie große Teile der Produktion, dem Trend der globalisierten Arbeitsteilung folgend, ins Ausland verlagert haben. Da stoßen zwei Welten aufeinander. Trotz des Gegenwinds, den führende Repräsentanten der deutschen Industrie entfachten, ließ sich der Mittelständler aus Burladingen nicht mundtot machen. Das ist nicht seine Art.

Er hat keine Scheu, aufrecht und unüberhörbar Paroli zu geben, egal wie hoch sein Gegenüber in der Hierarchie stehen mag. So berichtete die Stuttgarter Ausgabe der *Bild*-Zeitung im Februar 1996 in typisch alarmierter Manier von einem Streit zwischen Daimler und Trigema. Unter der Schlagzeile »Krieg der Bosse!« wurde vermeldet, dass Wolfgang Grupp den seit einem Jahr amtierenden Daimler-Chef Jürgen Schrempp und dessen Vorgänger Edzard Reuter »Versager« genannt habe. Von einem wirklichen Konflikt konnte keine Rede sein, denn Grupp hatte dies lediglich in einem Leserbrief in der Ulmer *Südwestpresse* kundgetan. Darin monierte er, der schon beim Flugzeughersteller Fokker für Milliardenverluste verantwortliche Schrempp lasse nach wie vor beim Autobauer auf Erfolge warten. Zudem zeige er bei seinen Aktionen Macht- und Prestigeversessenheit, nicht aber solides unternehmerisches Kalkül.

Bild kommentierte diese Vorwürfe mit den Worten, noch nie habe ein Wirtschaftsboss mit einem anderen »so knallhart, so schonungslos abgerechnet«. Die durch die Boulevardzeitung potenziert verbreitete Grupp'sche Kritik an Effizienz und Führungsverhalten des hochbezahlten Automanagers perlte an Letzterem ab. Schließlich waren die beiden nicht auf gleicher Augenhöhe. Von Sindelfingen aus betrachtet war Trigema mit ihren damals 146 Millionen Mark Jahresumsatz ein Winzling, eine Quantité négligeable, wie auch ihr Chef. Grupp war einer der Ersten, die den Daimler-Vorstandsvorsitzenden öffentlich angriffen. Das Lager der lautstarken Schrempp-Kritiker wuchs in späteren Jahren, nach dem Milliarden verschlingenden Debakel um die gescheiterte DaimlerChrysler-Fusion. Es ist fraglich, ob sich der eine oder andere an Grupps kämpferische Worte, die 1996 angesichts der Aufbruchstimmung bei Daimler so deplatziert wirkten, erinnerte, als neun Jahre später der nunmehr gestrauchelte

Standesstolz: der Textilunternehmer Wolfgang Grupp.

Managementstar abtrat und eine üble Leistungsbilanz hinterließ. So war unter anderem der Aktienkurs während der Ära Schrempp auf ein Drittel des ursprünglichen Werts abgestürzt.

Über Verantwortungslosigkeit, Größenwahn und die Selbstbedienungsmentalität in den Vorstandsetagen herzuziehen gehört bei Wolfgang Grupp zum Standardrepertoire. Das bringt manch ein Schwergewicht gegen ihn auf. Doch weder die Entgegnungen einzelner von sich stark eingenommener Topmanager noch die Kritik führender BDI-Vertreter beeindrucken Wolfgang Grupp. Er beharrt auf seinen Standpunkten, seit über einem Jahrzehnt. Warum sucht er die Konfrontation? Was treibt ihn auf die Bühne der Talkshows? Wieso lehnt er sich nicht lieber abends zurück bei einem Glas Wein in der gediegenen Burladinger Villa oder in seinem Jagdhaus im Allgäu, das er, sooft es geht, an den Wochenenden aufsucht? Was sind seine Ziele? Wie reagiert er auf Claqueure von rechts und auf seine zahlreichen konservativen Kritiker? Was hält er von den mächtigen Konzernmanagern, die ihn geradezu als lästigen Pinscher abzukanzeln versuchen? Wo und wie ist er Mensch, wo findet er Ruhe, und wie stehen seine Mitarbeiter zu ihm?

Wolfgang Grupp, der fernsehbekannte Unternehmer mit dem Affen, ist Deutschlands größter Hersteller von Sport- und Freizeitbekleidung. Dass dieser Status bis heute in einem an Kämpfen reichen Dasein errungen und verteidigt werden musste, liegt auf der Hand. Daher soll dieses Buch den Achtundsechzigjährigen in seiner Welt vorstellen, den roten Faden seines Lebens bis zur Gegenwart beschreiben und seine wirtschaftspolitischen Standpunkte analysieren. Ist er ein eifriger Kapitalist mit bodenständigem sozialem Gewissen oder etwa ein unzeitgemäßer Unternehmenspatriarch, der seine Leute unerbittlich zur Leistung treibt, während er sich in oftmals verschrobener Selbstdarstellung übt? Das gilt es zu überprüfen.

Werbebotschaften, Anspruch und Größe

Die Werbezeit kurz vor Beginn der *Tagesschau* wird von der ARD als »Best Minute« vermarktet. Regelmäßig erzielt die Nachrichtensendung hohe Einschaltquoten, vor allem in der »werberelevanten Gruppe« der Vierzehn- bis Neunundvierzigjährigen. Jeweils mehr als fünf Millionen Zuschauer dürften demnach den bis zu viermal monatlich ausgestrahlten Werbespot mit dem Affen sehen. Sie kennen Wolfgang Grupp damit vielleicht besser als Albert Darboven, der mit seinem Testimonial für Idee-Kaffee vorwiegend in den Werbeblöcken der Spielfilme von Privatsendern wirbt.

Wieso setzt Trigema überhaupt den Affen ein? Wie kam es zu der slapstickhaften filmischen Zusammenführung des stolzen Inhabers mit dem sprechenden Schimpansen? Eine Werbeagentur hatte Trigema nicht dafür eingeschaltet. Vielmehr ging die Initiative von einem Bekannten aus, der Wolfgang Grupp davon erzählte, man habe einen TV-Spot für einen Großkonzern vorbereitet, bei dem ein Schimpanse ins Mikrophon spreche. Allerdings zog sich der Kunde zurück, als eine Fernsehwerbung erschien, in dem drei putzige Dschungelbewohner im Chor sangen: »Nichts ist unmöööglich – Toyooota«. Somit war der scheinbar sprechende Affe zwar auf Film gebannt, fand aber keine Verwendung als Werbebotschafter.

Der Werbefilmproduzent schlug vor, Trigema könne die Nutzungsrechte für die Schimpansenaufnahme erwerben und sie mit einer eigenen Tonspur unterlegen. Der dressierte Affe war ausstaffiert mit Hemd, Krawatte und Brille, aber sonst frei von einem spezifischen Firmenkontext. Da er den Mund voller Nüsse hatte, kaute er beständig, was wie eine Sprechbewegung anmutet. Zur Anpassung an Trigema musste lediglich das Firmenlogo eingeblendet und ein passender Text, gesprochen von einem Synchronsprecher, aufgenommen werden. Wolfgang Grupp suchte eine Möglichkeit, in der Flut der Werbespots aufzufallen. Da ihm der nachrichtensprecherartige Schimpanse geeignet erschien, entschied er sich für dessen Einsatz.

Werbebotschafter für Trigema seit 1990: ein nüssekauender Schimpanse.

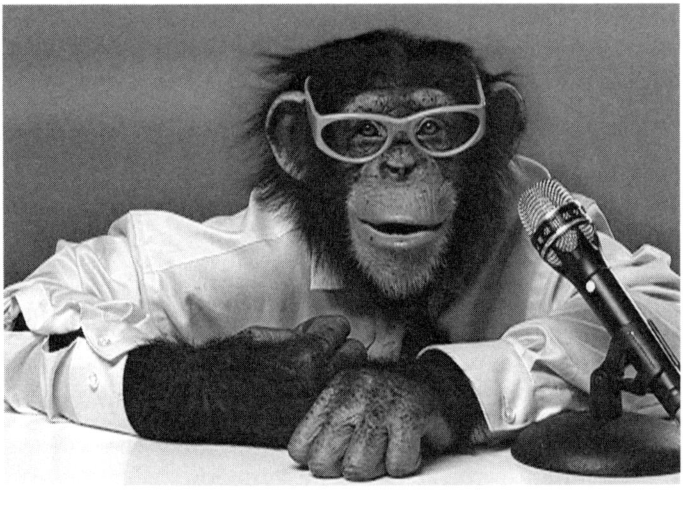

1990 bis 1992 wurde die erste Version des Spots regelmäßig vor Beginn der samstäglichen ARD-*Sportschau* ausgestrahlt. Dabei warb der Affe mit dem ihm in den Mund gelegten Hinweis, Trigema sei »Deutschlands größter T-Shirt-Hersteller«. Dies war vor dem Hintergrund sinnvoll, dass die Firma seit Ende der siebziger Jahre Trikot-Sponsoring bei einer ganzen Anzahl von Vereinen der Fußballbundesliga betrieb. Bis zu Beginn der neunziger Jahre kickten bereits FC Schalke 04, SV Werder Bremen, SV Waldhof Mannheim, 1. FC Kaiserslautern, VfL Bochum, Karlsruher SC und Hertha BSC in Trikots mit der blau-weiß-roten Schwinge. Infolgedessen kannten die Fußballfans das Logo aus Burladingen. Um aber weitere Zielgruppen anzusprechen, buchte Trigema für seinen Spot mit dem Affen ab 1992 den Werbeblock kurz vor Beginn der *Tagesschau*.

Erst vier Jahre später kam Wolfgang Grupp zu der Überzeugung, er müsse als Inhaber persönlich in der Fernsehwerbung in Erscheinung treten, weil so der Trigema-Aussage von Qualität, Made in Germany und Arbeitsplätzen in Deutschland am effektivsten Ausdruck verliehen werden könne. Der damit entscheidend veränderte Zwanzig-Sekunden-Spot ging 1996 erstmalig in der teuren, aber damals mit wenigen Spots noch geradezu exklusiven Werbeminute vor den Nachrichten auf Sendung. Seitdem läuft er dort mit nur wenigen Modifikationen. So wurde ab 2004 unter dem Logo eine Deutschlandfahne mit der darüberlaufenden Zeile »Beste Qualität« eingeblendet und der arbeitsplatzbezogene Text des Inhabers zugespitzt.

Die an die ARD zu entrichtenden Summen unterliegen saisonalen Schwankungen, denn in der Urlaubszeit ist die Einschaltquote geringer. Zwischen fünfundsechzig- und fünfundneunzigtausend Mark waren anfangs pro Ausstrahlung zu berappen. Heute zahlt Trigema dem Senderverbund jährlich an die zwei Millionen Euro, was für ein Unternehmen mit lediglich fünfundachtzig Millionen Euro Umsatz ein beträchtlicher finanzieller Aufwand ist.* Doch sonst wird nur wenig Werbung betrieben. Anzeigen in Zeitschriften oder Zeitungen hält der Chef in Anbetracht seiner Zielgruppen für unpassend und vor allem für zu kostspielig. Der TV-Spot wirkt, unbeeinträchtigt davon, wie wenig gestandene Werber von ihm halten. Auch wenn die Profis die Hände über dem Kopf zusammenschlagen und Wolfgang Grupp dringend eine andere Machart empfehlen, auch wenn sich Journalisten wiederholt über den »wie laubgesägt« wirkenden Werbefilm lustig machen – der Chef hält beharrlich an ihm fest, da er den Wiedererkennungseffekt für grandios hält.

Albert Darboven, Inhaber der J.J. Darboven GmbH & Co. KG, tritt seit über dreißig Jahren als Werbeträger des in seinem Hause produzierten Idee-Kaffees auf. Stil und Botschaft seiner TV-Spots unterscheiden sich deutlich von dem Trigema-Streifen. Legendär sind die Werbespots, in denen »Atti« Darboven an der Elbe, auf Sylt, im Sachsenwald und etwa in Garmisch auf einem weißen Korbstuhl Platz nahm und im Nadelstreifenanzug den magenfreundlichen Kaffee anpries. Bei Frauen um Sympathie zu werben war und ist sein vorrangiges Ziel, denn schließlich sind sie es im Regelfall, die einkaufen gehen, nicht ihre Männer. Das Begehren nach einer

* Die im Text genannten Geschäftszahlen der Trigema GmbH & Co. KG (etwa Umsatz, Rendite, Mitarbeiterzahlen) entstammen den Schilderungen des Inhabers bzw. der Wirtschaftspresse. Da Trigema keiner Veröffentlichungspflicht unterliegt, konnten die Angaben vom Autor nicht überprüft werden.

bestimmten Kaffeemarke zu wecken oder zu verstärken, um dadurch den Kauf zu beflügeln, scheint dem Hanseaten nicht allein dadurch zu gelingen, dass das Produkt gut und sein Geld wert ist. Man bekommt in Darbovens Werbesekunden den Eindruck vermittelt, der Inhaber stehe mit Leib und Seele für das ein, was er formuliert: dass er für den Kaffee seines Hauses lebt.

Seine Präsenz in der Öffentlichkeit ist stark, auch weil der leidenschaftliche Reiter und Polospieler das Hamburger Derby fördert. Hinzu kommen eine ganze Palette von Sponsoring-Aktivitäten und ein Frauen-Förderpreis. Regelmäßig berichten daher Hamburger Zeitungen und die Illustrierten über den »Kaffeekönig« und seine Frau, die im Ruf der First Lady der Hamburger Gesellschaft steht. Anders als Wolfgang Grupp hält Albert Darboven keine Vorträge. Auch Talkrunden besucht er nicht, da er glaubt, dass Talkshowjournalisten immer nur irgendetwas Bestimmtes herauskitzeln wollen. Da könne man »nur Zweiter sein«. Erster dagegen ist er unbestritten als bekannteste Persönlichkeit aus dem Kreis der deutschen Kaffeeproduzenten. Dazu verhalf ihm seine besondere Mischung aus Nahbarkeit und Grandezza.

Albert Darboven kennt Wolfgang Grupp nicht persönlich, wohl aber dessen TV-Spot. Der Hanseat hegt Verständnis dafür, dass der Schwabe seit langem beharrlich an diesem Werbefilm festhält: »Was zählt, ist der Erfolg. Und wenn er den hat, dann soll er dabei bleiben.« Darboven begrüßt auch die visuelle Botschaft, die Grupp durch sein Auftreten vermittelt. Als Unternehmer in der Werbung, sagt er, müsse der Trigema-Chef sportlich-elegant gekleidet daherkommen. Beide Geschäftsleute sind konservativ und stehen der CDU nahe. Sie agieren dort, wo sie aufgewachsen sind, und die

Zahl ihrer Mitarbeiter liegt in derselben Größenordnung. Darboven schreibt die Drehbücher für seine Zwanzig-Sekunden-Spots seit langem selbst, aus Gründen der Effizienz und um seine eigene Sprache zu artikulieren. Darüber hinaus gibt es allerdings keine Parallelen der in der Öffentlichkeit bekannten, aber nicht allein hinsichtlich der von ihnen beworbenen Produkte so ungleichen Herren.

»Wolfgang Grupp 72393 Burladingen« steht in erhaben gedruckter englischer Schreibschrift auf der Rückseite des von dem schwäbischen Unternehmer verschickten Couverts. Der Postfreistempel der Firmenzentrale zeigt das Trigema-Logo mit der Unterzeile »Deutschlands größter Sport- und Freizeitbekleidungshersteller«. Die Gestaltung des Freistempels enthält wie bei vielen Firmen ein werbliches Statement, und der schlanke Absenderaufdruck auf der Rückseite ist die postalische Besonderheit einer Kleinstadt. Gleichwohl bezeichnet beides Stolz und Selbstverständnis, Anspruch und Stilbewusstsein des diplomierten Kaufmanns. Er ist eine unternehmerische Größe in seiner Heimatstadt, wo das Stammwerk der Firma an der nach seinem Großvater Josef Mayer benannten Hauptstraße liegt. Grupp ist aber darüber hinaus eine bekannte Größe in Deutschland, unabhängig vom überschaubaren Trigema-Jahresumsatz.

Das eigentlich Bemerkenswerte daran ist, dass diese Leistung zwölfhundert Mitarbeiter erbringen, die vorwiegend auf der Schwäbischen Alb, aber auch in sechsundvierzig Geschäften zwischen Tinnum auf Sylt und Oberstdorf in den Allgäuer Alpen beschäftigt werden. Knapp fünfundsechzigtausend Euro Umsatz werden demnach pro Arbeitskraft erzielt. Solche Zahlen werfen nicht nur bei Controllern oder Analysten die Frage auf, wie sich damit dauerhaft profitabel wirtschaften lässt. Landläufig bekannt ist, dass Umsatz nicht dem Gewinn entspricht. Aber dennoch: Wie passt dies zusammen? Wie kann man mit einem so schlanken Umsatz in Deutschland mehrere Fabriken, ein eigenes Vertriebsnetz und über tausend Arbeitskräfte bezahlen?

Nimmt man Trevira als Vergleich, stößt man auf frappierende Unterschiede: Der traditionsreiche Hersteller von Polyesterfasern und Garnen für die Bekleidungs-, Heimtextil- und Autoindustrie mit Hauptsitz in Bobingen bei Augsburg machte 2008 den vierfachen Umsatz von Trigema – und das mit eintausendachthundert Arbeitskräften. Sie sind vorwiegend in den deutschen Werken in Bobingen und Guben (Brandenburg) beschäftigt, aber auch in Dänemark, Belgien, Polen, Italien und Spanien. Im Sommer 2009 musste die seit einigen Jahren im Besitz eines indischen Konzerns befindliche Trevira Insolvenz anmelden, da von der Muttergesellschaft aus Indien kein Geld mehr kam. Trevira ist ein Beispiel dafür, wie ein Traditionsunternehmen im vergangenen Jahrzehnt mehrfach Besitzer und Struktur wechselte, bis die Firma letztlich zum gebeutelten Spielball global wirksamer Wirtschaftsmechanismen wurde und zu Lasten ihrer Mitarbeiter vor dem endgültigen Scheitern stand. Nur ein Rettungspaket von Sparkasse und Landesbank inklusive staatlicher Bürgschaften konnte Ende 2009 den Konkurs abwenden, was bedeutet, dass die Allgemeinheit das Risiko schultert. In der deutschen Textilindustrie ließe sich davon ein langes Klagelied singen, in dem es zu fast allen Markennamen eine Strophe gäbe: Schiesser, Jockey, Steilmann und Escada sind nur die bekannteren davon. Trigema hingegen gibt ein völlig anderes Bild ab. Woran liegt das? Wie sieht das Geschäftsmodell aus?

In dem vom *Manager Magazin* alljährlich veröffentlichten Ranking der reichsten Deutschen tauchen die Grupps nicht auf. Der Liste des Jahres 2009 ist zu entnehmen, dass viele der Reichen infolge der Finanz- und Wirtschaftskrise gehörig Federn gelassen haben. In dem Heft findet sich die Familie Hipp, die vor allem wegen ihres Pfaffenhofener Nahrungsmittelunternehmens auf ein Vermögen von fünfhundert Millionen Euro geschätzt wird. Die Zeitschrift nennt den aus der Fernsehwerbung bekannten Claus Hipp einen »Maler, Märchenerzähler und Marktführer«. Zudem sei er ein »Wahlschweizer«. Den freundlichen Senior vom Biogemüsefeld, so kann dies verstanden werden, scheint es wegen der Steuern aus Deutschland getrieben zu haben. Ganz so plakativ ist der Hintergrund allerdings nicht, denn die mütterliche Seite der Familie stammt aus Solothurn. Auch wegen dieser Wurzeln wurde schon vor längerem, nämlich 1999, in Sachseln im Kanton Obwalden die Hipp Holding gegründet. Ihr wesentlicher Vorteil ist, dass die Erbschaftssteuern für die acht Kinder der Brüder Claus und Paulus Hipp bei einem Nachlassfall weitaus geringer ausfallen würden als in Deutschland. Grupp gehört nicht in das Ranking zwischen Albrecht und Zinkann, also den schwerreichen Eigentümern von Aldi und Miele. Dennoch hat er in mancher Hinsicht mehr und vor allem Eigenwilligeres als die anderen deutschen Unternehmer zu bieten.

Und er pflegt seine persönlichen Vorlieben: Sehr wichtig ist dem Textilfabrikanten, der zur Branchen-Untergruppe der sogenannten Stricker und Wirker gehört, die vierhundert Hektar große Eigenjagd im Allgäu. Ihretwegen nennt er sich mit etwas Koketterie »Nebenerwerbsland- und -forstwirt«. Verhältnismäßig überschaubar ist die Zahl der in Einzelbesitz befindlichen Eigenjagdbezirke in Deutschland. Zum Kreis dieser Jagdherren zu gehören verleiht daher herrschaftliche Noblesse und Distinktion, denn schließlich kann man vor diesem Hintergrund ganz anders auftreten als ein Jagdpächter oder gar Jagdgast. Wolfgang Grupp ist Jäger aus Leidenschaft und mit langer Erfahrung. Das allerdings hat bei wohlhabenden deutschen Geschäftsleuten keinen Seltenheitswert, genauso wenig wie Villa und Jagddomizil, Hauspersonal und Butler, teure Limousinen und Chauffeur. All das besitzt der schwäbische Chef, der häufig, um Zeit zu sparen, im firmeneigenen Helikopter reist.

Burladingen liegt inmitten der Schwäbischen Alb, achtunddreißig Kilometer entfernt von der nächsten Autobahn. Da nützen der große Mercedes und die Fahrkünste des Chauffeurs wenig, wenn die Bundesstraße 27 in Richtung Stuttgart stark frequentiert ist. Der ungeduldige Unternehmer hebt daher lieber ab und lässt sich von seinem Piloten zu Terminen außerhalb fliegen. Dass Wolfgang Grupp den 1995 angeschafften Bell Jet Ranger in Weiß lackieren und mit dem Trigema-Firmenlogo dekorieren ließ, kann kaum verwundern. Der Chef nutzt auch dieses Vehikel für seine Werbung. Der kleine Hangar ist wie ein Schaukasten gestaltet, der eine durchgehende Fensterfront zur Straße aufweist. Den Passanten und Autofahrern mag die Maschine nur auf den zweiten Blick auffallen, denn rundum sind alle Gebäude im obligaten Weiß gehalten und banderolenartig mit den Logofarben Blau und Rot verziert.

Trigema dominiert offensichtlich den Ort Burladingen, und wenn der Rotor des Hubschraubers knattert, dann weiß ein jeder, dass der Unternehmer oder seine Frau unterwegs ist zu Kunden oder den Fabriken und Trigema-Läden. Um

Auf der Jagd in Aigis: Wolfgang Grupp und ein Achtender (1988).

maximale Flexibilität zu erlangen, ließ sich Grupp eine bundesweite Außenlandeerlaubnis erteilen. Das ermöglicht es dem Piloten, der früher Bohrinseln in der Nordsee ansteuerte, außerhalb von Flugfeldern zu starten und zu landen. An den Hubschrauber hat man sich in Burladingen und an den Zielorten gewöhnt, und die Medien interessiert diese ungewöhnliche Variante der Mobilität kaum.

Was im Sommer 2009 rund um den Trigema-Chef wirklich für bundesweite Medienresonanz sorgte, war die von ihm für seine Familie angelegte Grabstätte: Umfriedet von einer halbhohen weißen Mauer liegt die künftige Grabstätte der Grupps inmitten einer Grünfläche von mehr als sechshundert Quadratmetern, ein kleines, frei zugängliches Areal am Rande des eigentlichen Friedhofs. Was ist das? Hybris eines Millionärs aus der Provinz, wie die Presse es ihm nachsagte? Oder schlicht der Wunsch, zu Lebzeiten sicherzustellen, was nach dem Tod zu geschehen hat?

Das gewohnte Maß scheint für Wolfgang Grupp nicht zu gelten. Wird er mit einer anderen Elle gemessen als die übrigen Einwohner des Landkreises Zollernalb? – Ja, weil er es so will. Der drahtige Herr scheint genau das anzustreben. Er ist anders, er ist herrisch, und er ist ein nicht nur in seiner Heimatregion seltener Unternehmertyp. Wenn ihn ein Fernsehfilm des Südwestrundfunks als »König von Burladingen« porträtiert, dann wird mit diesem Titel das Feld für Anerkennung und Spott bereitet. Doch Wolfgang Grupp schlägt sich mehr als wacker. Wenn er es für sinnvoll hält, tritt er mit Verve zum Kampf mit Journalisten und Teilnehmern von Talkrunden an, wobei es ihm gelingt, seine Ziele zu erreichen: Aufmerksamkeit zu Lasten der Konkurrenz, Kundenwerbung zu Gunsten von Trigema und Würdigung seines geschäftlichen Handelns zur Steigerung des Ansehens.

Geradezu so, als würde er auf verschiedenen Turnieren gleichzeitig kämpfen, ficht der Textilunternehmer für das Image, das er im letzten Jahrzehnt erwarb: Er ist Deutschlands bekanntester Mittelständler, und das möchte er auch bleiben. Zum Wohl seiner Firma – und sicher auch zur Mehrung seines Ruhms. Die damit einhergehenden Eigenwilligkeiten sehen ihm die Burladinger gern nach, denn ein großer Teil von ihnen hängt davon ab, dass er die vom Großvater gegründete Firma in Schwung hält. Sie in guter Verfassung an die nächste Generation weiterzugeben, hat wie bei den meisten Familienunternehmern der Gegenwart Priorität.

Das Geschäftsmodell

Immer wieder wird Wolfgang Grupp gefragt, was sein »Geheimnis« sei, das seinen geschäftlichen Erfolg und damit das Überleben seiner ausschließlich in Deutschland produzierenden Firma ermögliche. In seiner Antwort kann er keine Königsidee benennen, dafür aber eine Reihe eigenwilliger Prinzipien:

1. Kontinuierliche Produktion.

Um das Potenzial der Arbeitskräfte auszuschöpfen, wird unabhängig vom Bestelleingang von Januar bis Dezember unter hohem Druck und voller Auslastung auf Lager produziert. Dafür arbeiten die siebenhundert Näherinnen kontinuierlich in zwei Schichten von fünf Uhr morgens bis zehn Uhr abends – nicht im Akkord – und nähen T-Shirts, Sweatshirts oder etwa Unterhemden. In der weitgehend automatisierten Stoffherstellung laufen die Rundstrickmaschinen rund um die Uhr. Auch in der Färberei und Bleicherei wird im Dreischichtbetrieb gearbeitet. So entstehen täglich bis zu zehn Tonnen Baumwollstoff für die eigene Produktion. Die Mengenvorgaben für die verschiedenen Stoffe legt der Chef persönlich fest. Mittels dieser nicht auftrags-, sondern lagerbezogenen Produktionsausrichtung werden Kosten für Löhne und technische Infrastruktur maximal ausgeschöpft.

2. Kundenorientierte Schnelligkeit und innerbetriebliche Flexibilität.

Wolfgang Grupp hebt nicht selten in einem Vortrag hervor: »Auftragsbestätigungen brauchen wir nicht. Wir haben sie schon lange abgeschafft, denn Trigema liefert und bestätigt nicht, die anderen dagegen bestätigen und liefern nicht!« – Das ist nur möglich, weil der Betrieb in Schwaben produziert. Innerhalb von achtundvierzig Stunden nach Bestelleingang wird die Ware an den Kunden ausgeliefert, und seien es nur sechzig Polohemden in individueller Firmenfarbe mit aufgesticktem Logo für einen Maschinenbaubetrieb. So schnell und flexibel kann sonst kein Textilhersteller in Deutschland auf Kundenwünsche eingehen. Die Kleinteiligkeit dieses kundenorientierten Geschäfts erfordert hohe Flexibilität von Färberei, Näherei und Stickerei, aber sie lastet neben den dauerhaft hergestellten »Klassikern« des Angebots die Produktion von Tag zu Tag aus. Und auch die Mitarbeiter werden bedarfsorientiert eingesetzt: Wenn in der Druckerei zu wenig Arbeit ansteht, müssen die Leute in anderen Abteilungen aushelfen. Dieses Prinzip gilt in allen Bereichen. So lenkt beispielsweise der Chauffeur des Chefs nicht selten einen LKW, und der Hubschrauberpilot übernimmt in der Firmenzentrale die Nebenkostenabrechnung für die vermieteten Gewerbeimmobilien.

3. Nicht auf Umsatz nach Menge oder Stückzahlen, sondern ausschließlich auf Rendite ausgerichtet.

Prestigeträchtige Großaufträge, die zwar Umsatz bringen, aber dafür unter Preisdruck stehen und hohe Rabatte voraussetzen, werden von der Firma nicht angenommen. Was zählt, sind profitable Geschäfte, die etwa mit dem Facheinzelhandel, mit Industriekunden, die Arbeitskleidung ordern, sowie mit Schulen und Krankenhäusern gemacht werden. Den privaten Konsumenten sucht man durch den direkten Verkauf in Trigema-Geschäften zu erreichen. Seit Ende der achtziger Jahre baute Trigema eigene Läden in Kleinstädten und Gewerbegebieten auf, die als sogenannte Testgeschäfte die aktuelle Ware zu Händlereinkaufspreisen anbieten. Sechsundvierzig dieser Läden gibt es mittlerweile. Sie setzen über die Hälfte der Trigema-Produktion ab. Das ermöglicht unmittelbare Erkenntnisse, welche Produkte gut oder schlecht laufen, und zudem werden Einnahmen erwirtschaftet, die nicht durch das Preisdiktat mächtiger Einkäufer minimiert sind.

4. Schlanke Verwaltung.

Um Kosten zu sparen und die Kommunikationswege kurz zu halten, arbeitet die Zentrale von Trigema auf einer Etage in einem dreihundert Quadratmeter umfassenden Großraumbüro. Zweiunddreißig Mitarbeiter, vom Piloten über den Verkaufsleiter bis zum Prokuristen, sitzen somit in Rufweite des Chefs. Auch seine Frau arbeitet dort, denn ihr unterstehen die sechsundvierzig Testgeschäfte mit ihren über hundert Verkäuferinnen. Die Ausstattung ist knapp bemessen: zwei Faxgeräte, ein Kopierer, ein Safe, keine Firmenkreditkarten und keine Kantine. Wo immer es geht, wird konsequent auf Effizienz und Kosten geachtet. Beispielsweise wird jeder eingehende Anruf angenommen, um zeitaufwändigere Rückrufe zu vermeiden. Da es zudem keine dienstlichen Handys gibt, fallen in sämtlichen Betriebsstätten und Geschäften monatlich nur etwa fünfzehnhundert Euro Telefonkosten an. Interner E-Mail-Verkehr ist untersagt, da das Gebot des persönlichen Gesprächs gilt.

5. Unabhängigkeit.
Grupp will von niemandem abhängig sein, weder von Großkunden noch von Banken oder von Mitarbeitern. Als Kaufhauskonzerne, Versandhäuser und Discounter die Preise drückten, gab ihnen Trigema den Laufpass und baute mit den Testgeschäften und seit 2004 mit dem Online-Handel eigene Vertriebskanäle auf. Kredite zur Finanzierung von Investitionen lehnt der Inhaber ab. Daher beläuft sich die Eigenkapitalquote auf einhundert Prozent. Trigema hat lediglich eine einzige Bankverbindung. Das reiche völlig aus, sagt Grupp. Da er vermeiden möchte, von hochspezialisierten Führungskräften abhängig zu werden, nimmt er überall Einblick. Er delegiert Verantwortung, behält aber alles unter Kontrolle. Dabei kommt ihm zugute, dass vier Fünftel seiner Führungskräfte einst als Lehrling bei ihm eingestiegen sind. Sie kennen seine Denkweise und verfügen über ein beträchtliches Wissen über die Abläufe in der Firma.

6. Sofortzahlung bei Bestellungen und Investitionen.
Zulieferer von Garnen, Knöpfen, Farben und dergleichen werden sofort bezahlt. Werden neue Maschinen geordert, zahlt Trigema nicht erst nach Lieferung, sondern schon bei Bestellung im Voraus. Da dieses Geschäftsgebaren in Deutschland ganz und gar unüblich geworden ist, kann Trigema als

harter Verhandler bei konkurrierenden Anbietern satte Rabatte aushandeln, wodurch sich die Investition verbilligt.

7. Höchste Anforderungen an die Qualität der Produkte. Grupp vertritt die Auffassung, die Produktion aus einem »Hochlohnland« wie Deutschland könne nicht über den Preis konkurrieren, sondern ausschließlich über Qualität und Flexibilität. Daher müssen bei der Herstellung von Stoffen und den einzelnen Kleidungsstücken die höchsten Standards eingehalten werden, um Langlebigkeit, Form- und Farbtreue zu garantieren. Auch die Schadstofffreiheit nach den Maßgaben von Öko-Tex Standard 100 oder 100plus ist ein Muss. Nur die damit einhergehende Produktqualität macht es dem Käufer plausibel, den Mehrpreis gegenüber der Massenware aus Fernost zu zahlen. Auch einfach erscheinende Textilien benötigen innovative Details, die die Discounterware ausländischer Provenienz nicht bietet. Der Produktinnovation wird daher viel Energie gewidmet.

8. Überschaubare Betriebsgröße und Mitarbeiterbindung. Mit drei Produktionsstätten und sechsundvierzig Testgeschäften bleibt Trigema in einer Größenordnung, die Grupp überblicken und persönlich kontrollieren kann. Tochtergesellschaften gibt es nicht. Jede Expansion, etwa durch Übernahme insolventer Textilhersteller, würde diesen Rahmen sprengen. Daher wird sprunghaftes Wachstum vermieden. Die familiäre Betriebszugehörigkeit reicht bei manchen Mitarbeitern bis in die Eltern- oder Großelterngeneration zurück. Das steigert ihre Identifikation mit dem Unternehmen. Sind sie sich ihrer Arbeitsplätze sicher, fällt zudem die Motivation und damit das Leistungspotenzial höher aus.

9. Verzicht auf externe Dienstleistung.
Trigema beauftragt keine Unternehmensberater, da der Inhaber meint, er könne besser als jeder andere seinen Betrieb beurteilen und dessen Effizienz steigern. Dem Grundsatz folgend, dass bei der Firma alles selbst gemacht wird, was sich irgendwie selbst machen lässt, entsteht auch die Werbung in Eigenregie. So wird etwa der jährliche Händlerkatalog zwar von einer Agentur in Stuttgart mit der üblichen Anmutung gestaltet. Als Models für die Fotografen fungieren schon einmal Kinder aus Burladingen. Selbst der Nachwuchs der Inhaberfamilie war von klein auf im Katalog in Trigema-Kleidung präsent.

10. Sicherung der Arbeitsplätze.
Neben der Produktqualität scheint für den deutschen Kunden am wichtigsten zu sein, dass Trigema im eigenen Land herstellen lässt. Diesem in der Werbung eingesetzten Standortargument muss dauerhaft entsprochen werden, um die Glaubwürdigkeit nicht einzubüßen. Seit einigen Jahren hat der Inhaber sogar den Ehrgeiz, seiner Belegschaft die Arbeitsplätze zu garantieren: Vor der Öffentlichkeit und betriebsintern erklärt Wolfgang Grupp, er stehe dafür ein, dass zu seinen Lebzeiten die Beschäftigung der zwölfhundert Leute gesichert ist. Wegen dieses exponierten Anspruchs, der einem Alleinstellungsmerkmal im Mittelstand gleichkommt, setzt er sich unablässig persönlich für seine Firma ein und scheut geschäftliche Spekulationen.

Der Achtundsechzigjährige scheint kein anderes Ziel zu haben, als den Fortbestand von Trigema zu sichern. Er hat der Firma sein Leben und seine Arbeitskraft verschrieben. Wie kam er dazu? Welcher Weg hat ihn dorthin geführt? Ist er so gradlinig, wie er vordergründig aussieht, oder gab es Brüche? In welche Tradition trat er vor Jahrzehnten als Angehöriger der dritten Generation in die Firmenleitung ein?

Goldgrube und Mitläufer

An einem Frühlingstag des Jahres 1942, genauer am 4. April, brachte Änne Grupp in Burladingen ihren ersten Sohn zur Welt. Er wurde auf den Namen Wolfgang getauft. Die zweiundzwanzigjährige Mutter war die Ehefrau des Juristen Dr. Franz Grupp, der mittlerweile im vierten Jahr an der Seite seines Schwiegervaters in der Geschäftsleitung der Mechanischen Trikotwarenfabriken Gebr. Mayer KG arbeitete. Mehr als achthundert Arbeitskräfte beschäftigte die Firma zu dieser Zeit auf der Schwäbischen Alb in ihren Werken in Burladingen, Hechingen und Ringingen. Vorwiegend wurde Herrenunterwäsche hergestellt, und das war selbst während des Krieges einträglich.

Die Wehrmacht hatte im Winter 1941/42 ihr Ziel verfehlt, Moskau einzunehmen. So kam das »Unternehmen Barbarossa«, wie Hitlers Generäle den Überfall auf die Sowjetunion nannten, ins Stocken und leitete den militärischen Niedergang des Dritten Reiches ein. Symptomatisch dafür war der Kriegseintritt der USA im Dezember 1941 und die Vernichtung der 6. Armee in Stalingrad im Jahr darauf. Infolge des Vielfrontenkriegs standen deutsche Truppen von Nordnorwegen bis hinab zur französischen Atlantikküste, in Nordafrika und Griechenland sowie auf dem Territorium der von Josef Stalin beherrschten Sowjetunion, von der Krim bis an die Ostsee. Es war ein Irrsinn, militärisch wie politisch und wirtschaftlich, aber die Deutschen folgten ihrem »Führer«, dessen Achse Berlin – Rom – Tokio sich für den Griff nach der Weltherrschaft als untauglich erwies.

Die deutsche Wirtschaft stand längst unter dem Diktat der ständig gesteigerten Anforderungen von Heer, Luftwaffe und Marine. »Räder müssen rollen für den Sieg« lautete eine gängige Parole, der an vorderer Stelle Daimler-Benz, Opel, BMW und das Volkswagenwerk nachkamen, denn auch leistungsfähige Transportmittel waren neben Panzern, Kanonen und Flugzeugen von Belang. Doch nicht nur die sichtbare Ausstattung der nach Millionen zählenden Streitkräfte, sondern auch die weniger sichtbare beschäftigte die Fabriken im Reichsgebiet: Ein Großteil der Uniformen und der Wäsche der Soldaten kam aus schwäbischer Produktion. Die dort seit der Jahrhundertwende zahlreich entstandenen Textil- und Bekleidungsfabriken hatten Hochkonjunktur dank des Bedarfs des Militärs. So schneiderte etwa die Firma Hugo Boss in Metzingen feldgraue Uniformen, während Gebr. Mayer in Burladingen vor allem mit Wirkware, der Unterwäsche, gute Geschäfte machte.

Ende 2009 sagt Wolfgang Grupp, der Firmengründer Josef Mayer, sein Großvater, habe »eine Goldgrube« geschaffen. In der Tat hatte sich die neunzig Jahre zuvor gegründete Mayer'sche Trikotwarenfabrik innerhalb weniger Jahrzehnte zu einem lukrativen Unternehmen entwickelt. Seit der ausgehenden Kaiserzeit war die Textilindustrie der Schwäbischen Alb von starkem Wachstum geprägt. Dabei nahmen die Betriebe Arbeitskräfte der Region auf, die bislang vor-

Elegant im Cut und ambitioniert: der dreiundzwanzigjährige Josef Mayer im Jahr der Fabrikgründung (1919).

wiegend in der Landwirtschaft und im Handwerk tätig gewesen waren.

Josef Mayer hatte Ende 1919 zusammen mit seinem jüngeren Bruder Eugen die Burladinger Fabrik aufgebaut. Zwei Dutzend Arbeitskräfte wurden zunächst angestellt. Die ambitionierten Brüder waren Söhne eines örtlichen Strickwarenproduzenten, der ihnen offenbar das unternehmerische Talent vererbt hatte. Josef war zur Zeit der Firmengründung gerade einmal dreiundzwanzig Jahre alt. Die Partnerschaft

Der Ursprung in Burladingen: das erste Firmengebäude der Mechanischen Trikotwarenfabriken Gebr. Mayer KG (1919).

gestaltete sich spannungsvoll, sodass die Brüder schon wenige Jahre nach dem Start ihr gemeinsames Geschäft auseinanderdividierten. Fortan bestanden zwei Mayer'sche Betriebe nebeneinander in Burladingen.

Josef, der Herrenunterwäsche aus Woll- und Baumwollstoffen herstellte, überstand die Inflation von 1923 und beschäftigte nach deren Abklingen schon an die hundertfünfzig Näherinnen und Arbeiter. Das war zweifellos ein Erfolg. Im ersten Jahrzehnt ihres Bestehens gründete die Trikotwarenfabrik kleinere Tochterbetriebe in benachbarten Orten wie Steinhilben und Trochtelfingen, da in Burladingen selbst keine weiteren Arbeitskräfte mehr gefunden werden konnten. Viele der dort ansässigen Betriebe wuchsen und konkurrierten infolgedessen stark um erfahrene Mitarbeiter für Strickerei, Wirkerei und Bleiche sowie vor allem für die heute Konfektion genannte Nähabteilung.

Die eigene Kraftzentrale: Dampfkesselanlage mit Generator von 1932.

Ein wichtiges Kapital für die Entwicklung des Jungunternehmers Josef Mayer zu einer bestimmenden Kraft in Burladingen war die 1919 geschlossene Ehe mit Katharina Müller, einer Tochter des Bürgermeisters und damals größten Grundbesitzers des Ortes. So kam es, dass Josef Mayer in der Folgezeit günstigen Zugang zu Erweiterungsflächen seines Betriebs erhielt. Offenbar nicht betroffen von der Deutschland gerade aufs Heftigste heimsuchenden Weltwirtschaftskrise, errichtete die Textilfirma 1931/32 mehrgeschossige Neubauten in Burladingen und verlegte das Stammwerk dorthin. Die moderne Fabrik verfügte dank ihrer Dampfkesselanlage mit Generator über eine eigene Stromversorgung, was bei dem hohen Heißwasser- und Strombedarf für den Betrieb der Färberei, Bleicherei und der übrigen Maschinen ein großer Vorteil war. Nach dem ersten Jahrzehnt des Bestehens hatte die Firma eine sprunghafte Entwicklung genommen, die sich nicht nur in der Zahl von schließlich achthundert Beschäftigten niederschlug. Die Qualitätsware des von Josef Mayer geführten Unternehmens fand über große Handelsfirmen in ganz Deutschland Absatz.

Mit der Zeit legte der Gründer zunehmend Wert auf gehobenen Lebensstil und Repräsentation. So ließ er 1932 für seine Frau und die beiden 1920 und 1922 geborenen Töchter Änne und Maja in Burladingen ein stattliches Haus errichten. Es wurde auf einem gegenüber der neuen Fabrik gelegenen Grundstück erbaut, das wiederum aus dem Landbesitz des Schwiegervaters stammte. Das Anwesen erhielt einen Damen- und einen Herrentrakt sowie Garage, Gewächshaus, Pool und Tennisplatz. In einem ländlich geprägten Ort wie Burladingen erregte ein derartiger Luxus Aufsehen, und genau das strebte der glücklich agierende Kaufmann, der lediglich Volksschulbildung besaß, an. Die sonst unter wohlhabenden schwäbischen Unternehmern verbreitete Zurückhaltung war nicht seine Sache.

Josef Mayer besaß ein neugieriges, weltläufiges Naturell, das ihn in den dreißiger Jahren auf Mittelmeerkreuzfahrten bis nach Nordafrika und auf einer ausgedehnten Amerikatour von New York über Washington, Detroit und Chicago an die Niagarafälle führte. Den Atlantik überquerte er auf den berühmten Schnelldampfern *Bremen* und *Europa*, beide Male First Class, was daheim auf der Alb mit einer gewissen Verwunderung, aber auch Ehrfurcht zur Kenntnis genommen wurde. Nicht allein die prestigeorientierte Form des Reisens bezeichnet das Selbstverständnis des Firmengründers, den es innerlich nicht wirklich in Burladingen hielt. Der Großverdiener legte sich im fünften Lebensjahrzehnt überdies eine Villa in Stuttgart und ein Haus am Bodensee zu, das Letztere selbstverständlich »mit Seezugang«, wie der Enkel hervorhebt.

Mitte der dreißiger Jahre erlebte die deutsche Bekleidungswirtschaft einen spürbaren Aufschwung, der mit der Politik des nationalsozialistischen Regimes einherging. Der Bedarf an Bekleidung wuchs nicht nur, weil Beschäftigungsprogramme die hohe Arbeitslosenzahl reduzierten, sondern auch aufgrund der Uniformierungsmanie der Hitlerdiktatur. Millionen von Menschen in den nationalsozialistischen Massenorganisationen wie SA, Reichsarbeitsdienst, Hitlerjugend, Bund Deutscher Mädel und nach Wiedereinführung der Wehrpflicht von 1935 an auch das rasch aufgeblähte Militär brauchten Hemden, Blusen, Jacken, Hosen und Mäntel, und die Fabrikanten stellten sich auf die neue Nachfrage ein und konkurrierten um die attraktiven Großaufträge. Wer hier den Zuschlag erhielt, konnte alsbald expandieren.

Von der Konjunkturbelebung in der Textilwirtschaft profitierte die Maschenindustrie auf der Schwäbischen Alb. Josef Mayers Auftragsbücher waren mit der gängigen Wäscheproduktion, aber auch mit der Herstellung von »Braunhemden« für die SA gut gefüllt, sodass er die Kapazitäten ausweitete. Im Sommer 1937 kaufte er die Mechanische Trikotweberei Hermann Levy in Hechingen. Allein der Zeitpunkt des Geschäfts und der Firmenname lassen erkennen, dass dies eine »Arisierung« war. Über die Hintergründe schrieb erstmals in ausführlicher Form der Autor Peer Heinelt in der linksorientierten Zeitschrift *konkret*, wobei er sich auf Akten aus staatlichen und kommunalen Archiven stützte. Der 2006 veröffentlichte Artikel stellte Josef Mayer nicht nur als wirtschaftlichen Profiteur der Nazizeit dar, sondern versuchte

Zeugnis der Prosperität: das neue Hauptwerk der Firma (1939).

sogar, ihm skrupelloses Verhalten, vor allem während des Krieges, nachzuweisen.

Aber der Reihe nach: »Arisierung« lautete die zeitgenössische Bezeichnung für die Übernahme von Firmen, deren Vorbesitzer jüdischer Herkunft waren. Tausende von Geschäften, Kaufhäusern, Fabriken und Grundstücken mitsamt Gebäuden in ganz Deutschland wechselten in der Zeit nach der sogenannten Machtergreifung der Nationalsozialisten den Besitzer. Dieser in seiner wirtschaftlichen Tragweite immense Transfer lief in der Regel zu Lasten der drangsalierten deutschen Juden ab. Gerechte oder auch nur annähernd angemessene Preise wurden nicht gezahlt. Vielmehr orientierten sich Käufer und Behörden am meist niedrig taxierten Verkehrswert, oder aber sie ergingen sich in Willkür und plünderten die infolge der berüchtigten »Nürnberger Gesetze« von 1935 durch zahlreiche judenfeindliche Maßnahmen entrechteten Vorbesitzer aus. Zahllose Geschäftsleute, Anwälte und Glücksritter, die der NSDAP genehm waren, wie auch

Parteigenossen profitierten von dem ganz unverhohlen auch »Entjudung der Wirtschaft« genannten Prozess. Viele traditionsreiche oder gut laufende Firmen gingen später wegen der kaufmännischen Inkompetenz ihrer neuen Inhaber zugrunde.

Josef Mayer war kein überzeugter Nazi, denn sonst hätte er nicht erst im Mai 1937 die Aufnahme in die NSDAP beantragt. Das war ein recht später Zeitpunkt für den damals Einundvierzigjährigen. Schließlich hatten bereits wenige Wochen nachdem Hitler im Januar 1933 zum Reichskanzler ernannt worden war, mehr als eine Million Deutsche den Antrag zur Aufnahme in die Nazipartei gestellt. Dies war sogar der NSDAP nicht geheuer, sodass sie einen längerfristigen Aufnahmestopp verhängte, um nicht von Opportunisten übervölkert zu werden. Zu den sogenannten Märzgefallenen, die nach der Hitlers Regierung bestätigenden Reichstagswahl vom 5. März 1933 in die Partei eintraten, gehörte Josef Mayer nicht. Vielmehr wies ihn die hohe Parteimitgliedsnummer, die er bei der Aufnahme erhielt – 4809386 –, als Spätentschlossenen aus.

Es ist durchaus denkbar, dass der Unternehmer aus taktischen Erwägungen in die Partei eintrat. Ohne Zweifel erhöhten sich damit seine Chancen, an der »Arisierung« teilzuhaben, denn für die Verkäufe bedurfte es der Genehmigung des Gauwirtschaftsberaters, also eines regionalen Parteifunktionärs. Auch der Hechinger Nazibürgermeister war bei den örtlichen »Arisierungen« eingeschaltet, sodass eine Parteimitgliedschaft der Aspiranten nur hilfreich sein konnte. Zum 1. Juli 1937 erfolgte der Verkauf des Hechinger Textilbetriebs, wofür Josef Mayer der Inhaberin Alice Levy hundertvierundneunzigtausend Reichsmark zahlte. Dieser Betrag entsprach nach Einschätzung des Autors Heinelt vermutlich dem Konkurswert, den üblicherweise der Gauwirtschaftsberater festsetzte. Für die Mechanische Trikotwarenfabriken Gebr. Mayer KG war dies ein gutes Geschäft, denn damit hatte man die eigenen Kapazitäten um eine qualitätsvoll arbeitende Filiale erweitert. Zusätzlich erwarb der Burladinger Unternehmer im Sommer 1939 aus dem Besitz von Alice Levy ein unbebautes Grundstück, um den Hechinger Betrieb vergrößern zu können.

Dass sich Josef Mayer seit 1933 an den gängigen nationalsozialistisch orientierten Spendenaktionen beteiligte, kann als Ausdruck seiner Angepasstheit gewertet werden. Kaum ein Unternehmer wollte dadurch auffallen, dass er nicht in die »Adolf-Hitler-Spende der deutschen Wirtschaft« einzahlte. Auch wenn der wirtschaftspolitische Kurs des neuen Regimes vor allem in der Anfangsphase beim Gros der Geschäftsleute für Irritationen oder gar Beunruhigung sorgte, entrichtete man den geforderten Obolus, der ein halbes Prozent der 1932 gezahlten Löhne ausmachte. Darüber hinaus ermöglichte Josef Mayer seinen Beschäftigten in demonstrativer Manier Zugang zu Organen der Nazipresse. Selbst daran war nichts Besonderes, denn schließlich übte das Regime unter Einsatz parteitreuer Funktionäre in den Betrieben eine Kontrolle darüber aus, dass die standardisierten Elemente der nationalsozialistischen Ideologie tatsächlich verbreitet und gewürdigt wurden. Insofern gehörte der Burladinger Textilunternehmer zum großen Kreis patriotischer Opportunisten, die unter Hitler das taten, was Staat und Partei von ihnen erwarteten. Von ideologischer Begeisterung in seiner Familie ist nichts bekannt. Auch bei seinem Schwiegersohn Franz nicht.

Der 1905 geborene Franz Grupp stammte aus dem württembergischen Donzdorf, wo sein Vater eine Lederwarenfabrik betrieb. Franz war eines der vierzehn Kinder, die zur Großfamilie Grupp gehörten. Er verließ nach dem Abitur den ländlichen Horizont, um in München, Tübingen und Kiel Rechtswissenschaften zu studieren. Seine Referendarszeit absolvierte er bei verschiedenen Gerichten und der Staatsanwaltschaft in Stuttgart, bis er 1930 zum Dr. jur. promoviert wurde. In den Staatsdienst ging er allerdings nicht. Vielmehr arbeitete er an der Seite eines Rechtsanwalts und im Betrieb des Vaters in Donzdorf. 1938, im Alter von dreiunddreißig Jahren, verlobte er sich mit Änne Mayer, der älteren der beiden Töchter des Burladinger Textilfabrikanten.

Besonderen Wert legte Josef Mayer darauf, dass seine Mädchen eine gute Ausbildung erhielten. Deshalb hatte er Änne auf ein katholisches Internat in Lausanne am Genfer See geschickt, wo sie Englisch und Französisch lernte. Sie war erst achtzehn Jahre alt, als die Verlobung gefeiert wurde. Dem künftigen Schwiegervater imponierte, dass seine Tochter einen promovierten Juristen heiraten würde. Offenkundig lag ihm etwas an dessen akademischem Bildungshintergrund. Da störte auch der Altersunterschied von mehr als vierzehn Jahren nicht, der zwischen Braut und Bräutigam lag. Dr. Franz Grupp ließ sich am Firmensitz nieder und stieg sogleich in die Geschäftsleitung der Textilfabrik ein.

1939 heiratete das Paar, kurz vor Kriegsbeginn. Innerhalb der nächsten drei Jahre kamen die beiden Kinder Birgitte und Wolfgang zur Welt. Seit 1936/37 gehörte Dr. Grupp dem sogenannten NS-Rechtswahrerbund an, einer Vereinigung, die nach der Gleichschaltung früherer Juristenverbände an die hundertviertausend Mitglieder zählte. Dass Franz Grupp als in der Geschäftsführung eines Unternehmens tätiger

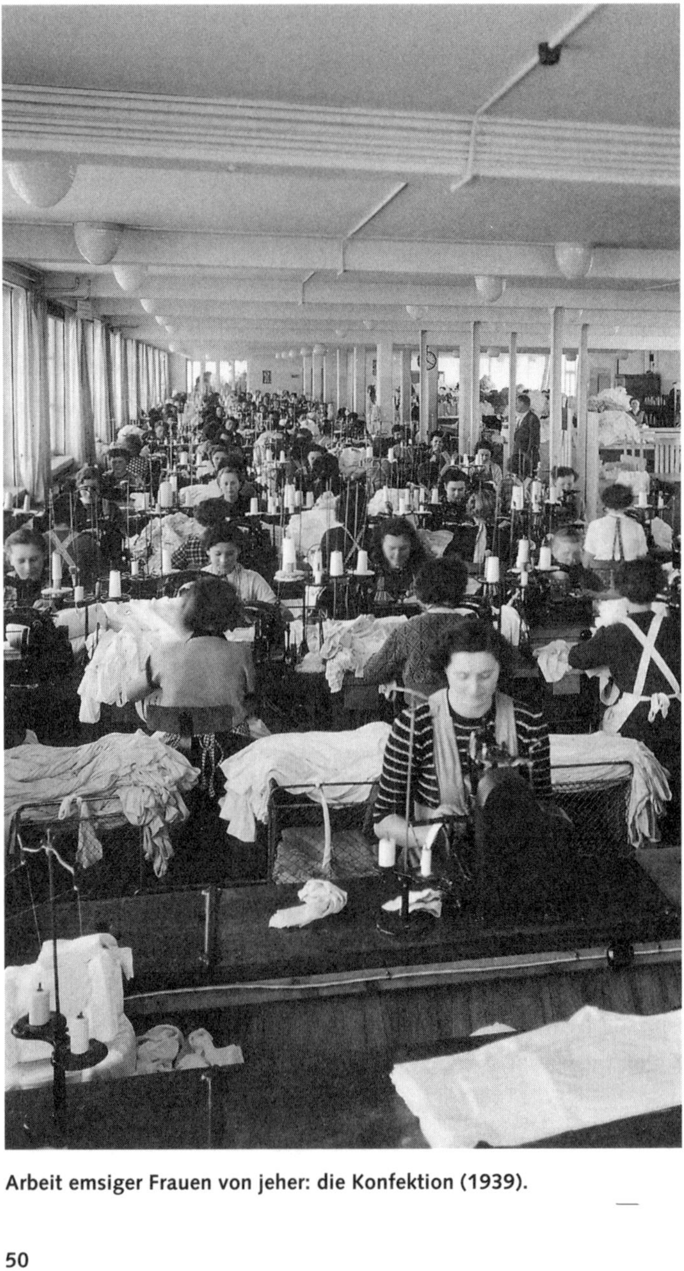

Arbeit emsiger Frauen von jeher: die Konfektion (1939).

Anwalt davon Vorteile erwarten konnte, ist unwahrscheinlich, denn die Mitgliedschaft entsprach einem Standard.

Nach Ausbruch des Krieges stieg die Nachfrage nach Uniformen und Wäsche für Soldaten massiv an. Somit kam der deutschen Textil- und Bekleidungsindustrie ein wichtiger Status zu. Allerdings verlor die Belegschaft das Gros der Männer durch die Einberufung zum Militär. Von Vorteil für die Firma war, dass die arbeitsintensiven Näharbeiten ausschließlich von Frauen ausgeübt wurden. Die Lücken, die in den von Männern dominierten technischen Abteilungen der Textilbetriebe entstanden, also etwa in Stoffherstellung und Färberei, wurden teilweise durch den Einsatz von Kriegsgefangenen geschlossen. Bei Josef Mayer, Jahrgang 1896, der wie sein neun Jahre jüngerer Schwiegersohn Franz Grupp wegen seiner Bedeutung als Betriebsführer vom Dienst in der Armee freigestellt war, arbeiteten schon 1940 einige französische Kriegsgefangene. Für ihren Einsatz musste der Unternehmer der zuständigen Wehrmachtsverwaltung ein Entgelt zahlen, das etwa zwanzig bis dreißig Prozent unter dem Tarif eines deutschen Arbeiters lag.

Dem *konkret*-Artikel zufolge waren in Josef Mayers Betrieben während des Krieges im Durchschnitt fünfzehn Gefangene beschäftigt, die unter anderem bei der Produktion von Uniformteilen mitwirken mussten. Ihre Ernährung, die in der Verantwortung der deutschen Behörden lag, fiel unzureichend aus. Dahinter stand das perfide Menschenbild der Nazis im kriegführenden Deutschland: Offiziell sollte die kämpfende Truppe die beste Versorgung erhalten. Dann folgten das deutsche Militär im Feindesland und die Heimattruppe, erst an vierter Stelle die deutsche Bevölkerung und danach die Zivilisten der besetzten Länder. Weit hinten in der Empfangskette rangierten die ausländischen Zwangsarbeiter. Von ihnen wurde die eine Million gefangener Franzosen noch am besten versorgt. Die Letzten der Reihe waren russische Gefangene und KZ-Insassen, deren Tötung durch Fron und Auszehrung mit System betrieben wurde. Entsprechend der fortschreitenden Mangelwirtschaft im Krieg und der behördlichen Lebensmittelzuteilung erhielten auch die Franzosen in Burladingen immer kargere Rationen. Dies kann man aber nicht pauschal den Unternehmern anlasten, wie es im Fall von Trigema der Autor Peer Heinelt tat. 1947 bekundete der Wirtschaftsprüfer Dr. Schübel in einer eidesstattlichen Erklärung, dass dem Betriebsführer Franz Grupp aufgefallen sei, wie mangelhaft die Ernährung der Kriegsgefangenen war. Daher habe er gemeinsam mit seiner Frau jeden Tag einen anderen Gefangenen zu Hause am eigenen Tisch verköstigt. Solche über die Arbeit hinausgehenden Kontakte zwischen Deutschen und Kriegsgefangenen waren verboten. Das aber schien den Grupps egal zu sein. Man kann aus diesem Verhalten ableiten, dass sie im Rahmen ihrer Möglichkeiten Humanität praktizierten, indem sie die kläglichen Rationen der Männer ein wenig aufbesserten.

Im Februar 1943 hatte Propagandaminister Joseph Goebbels den »totalen Krieg« ausgerufen, während Albert Speer als Minister für Rüstung und Kriegsproduktion die deutsche Wirtschaft dirigierte. Alles hatte nunmehr den Erfordernissen des Krieges zu dienen. Dieses Diktat führte in Kombination mit einer alle Wirtschaftsbereiche erfassenden eklatanten Rohstoff- und Energieverknappung sowie mit dem staatlich gelenkten Einsatz sämtlicher verfügbarer Arbeitskräfte dazu, dass bestimmte Produktionskapazitäten als überflüssig eingestuft und abgebaut wurden. Davon war auch die Textilbranche betroffen, wobei es ab 1943/44 zu Stilllegungen kam. Die Mechanische Trikotwarenfabriken Gebr. Mayer mussten in dieser Zeit ihre Tore schließen. Für den Betriebsführer Franz Grupp hatte das zur Folge, dass seine Freistellung – die er durch den Beitritt zur NSDAP Anfang 1942 möglicherweise abzusichern versucht hatte – aufgehoben wurde. Prompt erhielt der Neununddreißigjährige 1944 eine Einberufung zur Infanterie. Allerdings musste der Jurist im Dienstgrad eines Schützen lediglich Wachdienste verrichten. An die Front kam er nicht.

Die Schließungsbescheide bedeuteten einen krassen Eingriff in die Privatwirtschaft. Solche Maßnahmen waren vor allem in der letzten Kriegsphase an der Tagesordnung, doch der Staat suchte die damit verbundenen finanziellen Einbußen durch Entschädigungszahlungen an die Unternehmer zu kompensieren. Im Frühjahr 1944 wurde dann eine in der Rüstung tätige Abteilung von Bosch aus Stuttgart in die ungenutzten Burladinger Werksgebäude verlegt. Damit wollte man die kriegswichtige Produktion den andauernden alliierten Luftangriffen auf die Ballungsräume entziehen. Die kleinen Orte der Schwäbischen Alb wurden nicht so gravierend vom Bombenkrieg heimgesucht wie die deutschen Industriereviere oder die großen Städte. Dennoch nahm auch hier die Wirtschaft Schaden, vor allem durch den Abzug der erfahrenen Arbeitskräfte und die Stilllegungen. Die »Goldgrube«, von der der Enkel heute spricht, wurde insofern 1944 verschüttet. Doch dies war ein geringes Übel im Vergleich zu den Verlusten, die der Krieg und der Terror des Dritten Reiches forderten. Gefallene und versehrte Soldaten, in der Gefangenschaft Verschollene, aber auch Opfer des Holocaust waren in Hohenzollern zu beklagen.

Als Wolfgang Grupp seinen dritten Geburtstag beging, hatten amerikanische Truppen Südwestdeutschland besetzt und dem zwölfjährigen Regime der Nationalsozialisten ein Ende bereitet. Dann folgten die Franzosen und installierten ihre Besatzungszone. Die Familien von Josef Mayer und Franz Grupp hatten den Krieg ohne Todesopfer überstanden, doch schmerzlich war für sie, dass die Besatzer die Demontage der modernen Maschinen ihrer Betriebe anordneten. Glück hatte die Unternehmerfamilie, als die Militärs zur Einquartierung schritten. Ihre beiden nebeneinanderliegenden Häuser wurden umgehend für zwei ranghohe Offiziere beansprucht, unter anderem für General Louyot. Dass Änne Grupp fließend Französisch sprach, kam bei den Franzosen gut an und bewog sie, die deutschen Bewohner nicht wie sonst üblich aus ihren Häusern zu werfen. Sie erlaubten den Familien, Räume in den oberen Etagen der komfortablen Villen zu bewohnen. Die Offiziere beschränkten sich auf das Parterre. Ungeachtet dessen gerieten Josef Mayer und Dr. Grupp in die Mühlen der Entnazifizierung. In strenger Weise wurde in der französischen Zone nach Nazitätern und exponierten Parteigängern des Regimes gefahndet. Internierungen und langwierige Spruchkammerverfahren waren gang und gäbe.

Der fünfzigjährige Firmengründer galt den unter französischer Kontrolle stehenden deutschen Entnazifizierungsbehörden als Profiteur des Dritten Reiches, was dazu führte, dass sie ihm untersagten, eine leitende Tätigkeit in der Wirtschaft auszuüben, und ihm eine Geldbuße von siebzigtausend Reichsmark auferlegten. Zudem büßte er für mehrere Jahre das aktive und passive Wahlrecht ein. Auch sein Schwiegersohn, der seit 1938 in der Geschäftsleitung der Textilfirma tätig gewesen war, wurde belangt. Er hatte eine Geldstrafe zu zahlen und verlor für ein Jahr das passive Wahlrecht. Dies hätten die beiden Unternehmer als erträgliche zeitgerechte Sühnemaßnahmen abtun können, doch beide gingen gegen diese Spruchkammerurteile in die Revision, obwohl ihre Firma die Arbeit bereits seit November 1945 wieder in kleinem Rahmen aufgenommen hatte. Es handelte sich für sie offenkundig um eine Frage der Ehre.

Der Senior hatte Erfolg mit seinen Anstrengungen. Drei Jahre nach Kriegsende wurde er vollständig rehabilitiert, da man ihn als harmlosen »Mitläufer« einstufte und die verhängten Strafen aufhob. 1952 schließlich akzeptierte Josef Mayer die Entscheidung der Tübinger Wiedergutmachungsbehörden, dass er an die nach Südamerika emigrierte Alice Levy eine finanzielle Entschädigung zu zahlen hatte. Damit sollte der finanzielle Verlust, der der jüdischen Hechingerin 1937 durch die »Arisierung« ihres von Nazifunktionären aus durchsichtigen Gründen niedrig bewerteten Betriebs entstanden war, wenigstens teilweise ausgeglichen werden. Zur politischen Einstellung Franz Grupps gibt die eidesstattliche Erklärung des Stuttgarter Wirtschaftsprüfers Schübel Auskunft. Sie wurde im Januar 1947 verfasst, der Zeit also, als der Burladinger Geschäftsmann seine Rehabilitierung betrieb.

Es war gängige Praxis in den drei westlichen Besatzungszonen Deutschlands, positive Bekundungen von unbelasteten Persönlichkeiten einzuholen. Im Volksmund wurden diese bei den Behörden eingereichten Erklärungen »Persilscheine« genannt, denn sie zielten oft genug darauf ab, die Weste tatsächlich belasteter Deutscher vor den Alliierten weißzuwaschen. Schübels Aussage beinhaltet im Wesentlichen Folgendes: Dr. Grupp hatte ihm gegenüber nie ein Blatt vor den

Mund genommen und den Nationalsozialismus kritisiert. Während des Krieges sagte er – offenbar aufgrund von Meldungen ausländischer Radiosender, die zu hören unter Strafe stand – den militärischen Zusammenbruch frühzeitig vorher. In seinem Haus musste sich der Jurist nicht zurückhalten, denn die Bediensteten waren der gleichen Gesinnung wie Grupp gewesen, sodass er keine Denunziation befürchten musste. Überdies war Schübel sicher, dass Grupp der Partei 1942 nicht aus Überzeugung beigetreten sei, sondern weil er es als Betriebsführer zu dem Zeitpunkt nicht mehr habe vermeiden können. Letzteres erscheint etwas vage. Im Gegensatz dazu klingt die detaillierte Schilderung des Fürsprechers glaubwürdiger, die darauf hinausläuft, dass bei den Grupps zu Hause von brauner Ideologie nichts zu vernehmen war.

In der ersten Phase des Dritten Reiches hatte Josef Mayer einen spürbaren geschäftlichen Aufschwung erlebt, der seinen Wohlstand mehrte und auch seinen beiden Töchtern, die gleichberechtigte Gesellschafter des Unternehmens waren, ein gutes Einkommen bescherte. Durch die Übernahme des vormals in jüdischem Besitz befindlichen Hechinger Betriebs hatte Mayers Gewicht in der Textilwirtschaft der Region zugenommen. Der Konjunktur der ersten Kriegshälfte war die Agonie des Niedergangs gefolgt, bis die Produktion am Boden lag und 1945 durch die Demontage zum traurigen Ende kam. Aber die soliden Werksgebäude waren weiter vorhanden, wie auch der allseitige Bedarf an Wäsche und Bekleidung. Somit war es nur eine Frage der Zeit, bis sich die verschüttete »Goldgrube« der mittlerweile Trigema genannten Burladinger Firma wieder öffnete. Die Voraussetzungen dafür schienen günstig, als 1949 die Gründung der Bundesrepublik bevorstand und die deutsche Teilung Gestalt annahm. Es war nicht schwer zu erkennen, dass die Bekleidungsindustrie des neuen westdeutschen Staates in Schwaben ein gewichtiges Zentrum haben würde, neben Bayern und Westfalen. Die früher den deutschen Markt dominierenden Trikotwarenbetriebe Sachsens sowie die Textilfabriken im Berliner Raum und in Thüringen lagen schließlich außerhalb der Bundesrepublik. Einige bekannte Akteure fehlten nunmehr im erneut einsetzenden Konkurrenzkampf um Großabnehmer und Einzelhandelskunden.

Vorbilder und Konflikte

Das Trigema-Firmenoberhaupt Wolfgang Grupp beging im April 2010 seinen achtundsechzigsten Geburtstag. Er ist eine gepflegte, auffällige Erscheinung, der man dieses Alter nicht ansieht. Vielleicht wird dieser Eindruck von seiner akkuraten Kleidung unterstützt, die seit Jahrzehnten unverändert scheint: Am hervorstechendsten sind der Maßanzug, das meist auffällig gestreifte Hemd, Kragen und Manschetten weiß, das Einstecktuch in den Farben des Hemdstoffs, die schmale Krawatte und die goldene Klammer unter dem Knoten, die der konservativen Gewandung eine strenge Note verleiht. Flach ist die Uhr, schmal der Ehering, zart geradezu erscheinen die gebräunten Hände. Die Haare sind überwiegend dunkel, aber einige erkennbar ergraut, was er nicht, wie andere, zu verbergen sucht. Er gibt sich das Äußere des adretten, wie aus dem Ei gepellten Herrn und tritt auf als energiegeladener, alerter Chef.

Freundlich und verbindlich spricht er zumeist, aber sein Ton kann urplötzlich eine Härte annehmen, dass es zum Fürchten ist. Geradezu jähzornig wirkt Wolfgang Grupp, wenn er auf sein unverkennbar aggressionsgeladenes Programm umschaltet. Es scheint aus ehrlicher Empörung gespeist zu sein, wenn nicht gar persönliche Verletzungen dahinterstecken. Diese charakteristische Ambivalenz des Unternehmers bekommen seine Mitarbeiter ungefiltert geboten, denn schließlich sitzt er mit seinen Verwaltungsangestellten seit den frühen siebziger Jahren in einem von ihm erdachten Großraumbüro. Wenn Grupp laut wird, sind seine Worte für mindestens die Hälfte der dort Arbeitenden unüberhörbar. Das ist sattsam bekannt, auch der Presse.

Beispielhaft dafür sind zwei Wirtschaftsblätter. Die Hamburger Monatszeitschrift *Manager Magazin*, bekannt für ihre in der Regel ausgezeichnet recherchierten, aber auch mit beachtlicher Respektlosigkeit gespickten Artikel, sah 1995 in »König Wolfgang I.« einen der »schillerndsten deutschen Unternehmer – arrogant, unbequem und erfolgreich«. Die in Düsseldorf erscheinende, im Vergleich zum Hamburger Blatt gemeinhin moderater formulierende *WirtschaftsWoche* brachte 1997 ein mehrseitiges Porträt Wolfgang Grupps, in dem er als »Standortmissionar mit dem Hang zum Choleriker« bezeichnet wurde. »Hasserfüllt«, so das Blatt, trommle er gegen Unternehmerkollegen, die ihre Produktion ins Ausland verlagern. Derart drastische Formulierungen sind selten in der Wirtschaftspublizistik. Offenbar ist nicht nur das Auftreten des Trigema-Chefs ungewöhnlich, sondern auch der Umgang mancher Medien mit ihm.

Wie viel gibt man von sich selbst preis, wenn man lautstark schimpft und sich in heftigen Tiraden über »Versager« in Unternehmerkreisen und »verantwortungslose« Topmanager auslässt? Was offenbart Wolfgang Grupp, wenn er ein Mitarbeitergespräch – in dem es um den Verbleib des ihm gegenübersitzenden Angestellten in der Firma geht – mit einer solchen Vehemenz führt, dass betretenes Schweigen im

Großraumbüro herrscht, während emsig weitergearbeitet wird? Welches Bild erhält man von ihm, wenn er am Telefon einen Bankdirektor anherrscht, der ihm bei den Konditionen für die Festgeldanlage nicht genügend entgegenkommt? In solchen Momenten ist von dem Gentleman, dessen Nimbus auf der Pflege gehobener Umgangsformen basiert, nicht mehr viel zu erkennen. Da drängt sich der Eindruck auf, dass es Wolfgang Grupp an Respekt mangelt. Er macht es damit niemandem leicht, weder in seinem persönlichen Umfeld noch in der Firma. Aber man kennt ihn dort so. In der Trigema-Verwaltung hat man langjährige Erfahrung mit der aufbrausenden Art. Man weiß, dass er genauso schnell wieder in seinen Hauptmodus zurückschaltet, der den von Geradlinigkeit, Entscheidungsfreude und vollem Einsatz für die Firma geprägten Arbeitsstil mit verbindlichem Ton vereint.

Gern spricht Wolfgang Grupp von seiner »Betriebsfamilie«. Er sieht sich als Familienoberhaupt, als Patriarch im besten Sinne des Wortes. Ein umsichtiger Vater also, der alles zusammenhält und mit sicherer Hand durch die Fährnisse der Zeit lenkt? Einer, der es schafft, mit Disziplin, kaufmännischer Leistung und ausgeprägter Findigkeit Trigema in den schwarzen Zahlen zu halten, sodass die zwölfhundert Leute dauerhaft Arbeit haben? Er will Vorbild sein, nicht gefürchtet, sondern geschätzt. Das ist sein erklärter Anspruch.

Fragt man Wolfgang Grupp nach seinen Zielen, dann muss er nicht lange überlegen. Er sagt: »Das Schönste im Leben ist nicht, Geld zu haben, sondern das Gefühl, gebraucht zu werden.« Diese Antwort ist weniger erstaunlich als die Reminiszenz, die ihr folgt. Grupp beginnt, über seinen Großvater Josef Mayer zu sprechen, wobei ihn sichtlich die Emotionen überkommen. Der Enkel erzählt, der von ihm

Trauerzug: Die Werksfeuerwehr trägt Josef Mayer zu Grabe, Burladingen nimmt Abschied (1956).

hochgeachtete Unternehmensgründer sei »bis zum Schluss« geliebt worden, von seinen Angehörigen und von der Belegschaft. 1950, im Alter von vierundfünfzig Jahren, hatte der Firmengründer einen Schlaganfall erlitten. Über Jahre beeinträchtigten ihn die Folgen, bis er im November 1956 starb und in seiner Burladinger Villa aufgebahrt wurde. Grupp war damals ein vierzehnjähriger Zögling des Jesuitenkollegs St. Blasien im Schwarzwald. Die Beerdigung des Großvaters wurde für den Internatsschüler zu einem bedeutenden, prägenden Ereignis: Die Helm und Uniform tragenden Männer der Werksfeuerwehr schulterten den Sarg und schritten aus dem Haus kommend durchs Gartentor. Nachdem sie zum gegenüberliegenden Stammwerk hin gegrüßt hatten, machten sie sich auf den Weg zum Friedhof. Mehrere hundert Burladinger standen Spalier und folgten dann dem Verstorbenen und seinen Hinterbliebenen mit ihren Kränzen bis zum Friedhof der Kirche Sankt Fidelis. Offenkundig wurde der Großvater respektiert, gewürdigt und – in der Empfindung des Enkels, dem bei der Schilderung Tränen in die Augen treten – wirklich verehrt.

Dass Josef Mayer über Jahrzehnte seinen Erfolg zur Schau gestellt hatte, erregte keinen Anstoß, denn schließlich gehörte er zu den wichtigen Arbeitgebern auf der Zollernalb: Mehr als neunhundert Mitarbeiter hatte die Firma zu Beginn der fünfziger Jahre, sodass ein Großteil der Beschäftigten in der Textilindustrie der Region bei ihr tätig war. Für den Wiederaufbau in der Nachkriegszeit war man dem Senior dankbar, und sein Ansehen wuchs im Laufe der Jahre, weil er firmeninterne Sozialleistungen etablierte, zum Beispiel eine Betriebskrankenkasse.

Der Großvater ist das große unternehmerische Vorbild Wolfgang Grupps. Der eigene Vater, Dr. Franz Grupp, der Ende 1956 das Mayer'sche Erbe antrat und von da an freie Hand hatte, ist es nicht. Dafür gibt es eine ganze Reihe von Gründen, die nicht nur mit der folgenden geschäftlichen Entwicklung zu tun haben, sondern auch mit einem veritablen Generationenkonflikt.

Franz Grupp zählte nicht zu den Praktikern in der Textilwirtschaft, aber seine Kompetenz als Jurist war für die Geschäftsführung von Nutzen. Er besaß Autorität und hatte einen Hang zum Repräsentativen, womit er dem Naturell seines Schwiegervaters nahe kam. Der hatte in den frühen fünfziger Jahren einen Mercedes 300 gefahren, denselben Limousinentyp, den seit 1951 Bundeskanzler Adenauer als Dienstwagen benutzte. Dr. Grupp schätzte ebenfalls große Autos, war passionierter Jäger, spielte Tennis voller Leidenschaft und nahm am Leben der örtlichen Sportvereine teil. Anders als Josef Mayer aber suchte er den Kontakt zu Prominenten, sei es in Politik oder Sport. 1967 wurde er zum Honorarkonsul des Tschad ernannt, eine Position, die Franz Grupp wie eine Reihe anderer süddeutscher Unternehmer, die damals diplomatische Vertretungen exotischer Staaten übernahmen, aus Statusgründen angestrebt hatte und der er es verdankte, dass er zur Entourage des Bundespräsidenten Heinrich Lübke bei einem Besuch in dem zentralafrikanischen Land gehörte. Auf tatsächlichen Verdiensten beruhende Ehrungen wie die Verleihung des Bundesverdienstkreuzes 1. Klasse, das er 1970 erhielt, und die fünf Jahre darauf folgende Ernennung zum Ehrensenator der Universität Tübingen bedeuteten für den promovierten Firmeninhaber eine überaus willkommene Renommeesteigerung. Eine glückliche Hand als Geschäftsmann fehlte ihm allerdings. Zudem wurde er in der Branche von nicht wenigen als fremd empfunden.

Seinem 2003 in hohem Alter verstorbenen Vater nimmt Wolfgang Grupp übel, dass er in überzogener Weise expandierte. Dadurch sei die unter der Leitung des Großvaters florierende Firma arg ins Schlingern geraten. Der Sohn spart daher nicht mit Kritik an einer Persönlichkeit, die von der regionalen Presse wiederholt als vorbildlicher, kreativer und sozial engagierter Unternehmer gewürdigt worden war. Wolfgang Grupp kennt die Bilanzen aus den fünfziger und sechziger Jahren. Er weiß, dass Trigema gesund war und dass Josef Mayer seinen Erben eine ansehnliche Liquiditätsreserve hinterlassen hatte. Dr. Grupps Frau und deren Schwester geboten jeweils über 47,5 Prozent der Gesellschafteranteile. Lediglich fünf Prozent hielt der Jurist persönlich, aber dank Ännes Anteil hatte er das Sagen. Das versetzte ihn in die Lage, in neue Geschäftsfelder und Tochterfirmen zu investieren. So rief er 1958 eine Fabrikation für Cotton-Strickwaren und Pullover, im Folgejahr eine Jersey-Meterwarenproduktion und bald darauf den Schaumstoffbetrieb Leco sowie die Kunststofffabrik Plastro-Mayer ins Leben. Letztere stellte vorwiegend Komponenten für die Elektro- und Autoindustrie her. Da Franz Grupp von diesen Produkten und den Marktgegebenheiten keine Kenntnis besaß, rekrutierte er Geschäftsführer von außerhalb. Ihnen wurden hohe Gehälter, Dienstwagen und sogar repräsentative Häuser offeriert. Das belastete nicht allein die Etats der Firmen, sondern auch das Betriebsklima. Schließlich kannten die leitenden Trigema-Angestellten weder solche Spitzengehälter noch Privilegien wie Dienstwohnungen.

Der Ehrgeiz Dr. Grupps lag darin, nicht nur über ein Unternehmen zu gebieten, sondern über eine ganze Palette von Tochterfirmen. Diversifikation war sein Ziel. So wollte er sich für die Zukunft rüsten. In der Anlaufphase verschlangen die Jerseyproduktion, Plastro-Mayer und Leco hohe Investitionssummen. Als im Verlauf der sechziger Jahre das Geschäft mit der Trigema-Wäsche stagnierte und die Erträge zurückgingen, konnte der Schuldendienst für die aufgenommenen Kredite nicht geleistet werden. Die Probleme der Unternehmensgruppe wuchsen entsprechend. Nun musste Franz Grupp das Tafelsilber wie die Stuttgarter Villa aus Josef Mayers Zeiten verkaufen, um über die Runden zu kommen. Da das nicht ausreichte, erhielten die Immobilien der Firma Grundschuldeintragungen.

Wolfgang Grupp empört sich heute noch über die Stuttgarter Banken, die seinem Vater die Kredite für den Ausbau seiner Unternehmungen gaben. Sie hätten erkennen müssen, sagt er, dass der Inhaber weit über seine Verhältnisse wirtschaftete. Dass er sich nicht allein auf die Unterwäscheproduktion verlassen wollte, war in den sechziger Jahren sicherlich kein falscher Gedanke, da die mittelständisch geprägte Textilbranche in einen gravierenden Strukturwandel geriet. Doch die Umsetzung scheiterte. Franz Grupp war und blieb Jurist; ihm fehlte die kaufmännische Ader. Trotz dieser Malaise hielt er unbekümmert am gewohnten Lebensstandard fest und umgab sich mit den Insignien gehobener Kreise. Das hatte in der Familie Grupp Tradition.

Beispielhaft dafür ist die Ausstattung Wolfgang Grupps, als dieser 1961 sein Studium der Betriebswirtschaft in Köln aufnahm. Davor hätte er eigentlich seinen Grundwehrdienst antreten müssen, doch in der Familie bestand kein Hang zum Militärischen. Eine damals noch zwölfmonatige Kommisszeit erschien dem Junior als »Zeitverschwendung«. Und persönlichen Schliff durch die angebliche »Schule der Nation« hielt er selbst für unnötig, schließlich hatte er im Jesuiteninternat jahrelangen Drill erlebt. Da der Bundeswehr zu Beginn der sechziger Jahre zahlreiche Rekruten zur Verfügung standen, wurden bei der Einberufung nicht so strikte Maßstäbe angelegt wie später. Ein Heuschnupfenattest reichte für Wolfgang Grupp, um ausgemustert zu werden. Das Schießen mochte er trotzdem, allerdings als Jäger. Davon konnte ihn auch der lästige Heuschnupfen nicht abhalten. Rechtzeitig zum Beginn der Jagdsaison im April 1961 hatte der neunzehnjährige Abiturient seinen Jagdschein in der Tasche.

Franz Grupp hatte überaus konservative Ansichten, was die Erziehung anging, war aber gleichzeitig ein sehr großzügiger Mensch, was dem Sohn umgehend zugutekam. Als Erstsemester bezog dieser nicht etwa ein möbliertes Zimmer bei einer Kriegerwitwe in Köln-Nippes, sondern ein komfortables Appartement in einem Neubau ganz in der Nähe seiner Fakultät an der Inneren Kanalstraße. Ein Student mit einer Dreizimmerwohnung, mit Gästezimmer also, und einem monatlichen Wechsel über eintausend Mark? Das hatte

Vorbildliche Haltung: Jagdreiter Grupp und Pferd Saturn (1967).

schon etwas. Beinahe dekadent waren weitere vom Vater finanzierte Wohltaten: Zum Studienbeginn erhielt Wolfgang Grupp einen Mercedes 190 SL. Hinzu kamen die Mitgliedschaft im angesehenen Tennisclub KTHC Rot-Weiß und ein Pferd namens Saturn, das im Reitstall am Müngersdorfer Stadion untergebracht wurde. Dies geschah nicht von ungefähr, denn hier pflegten auch Kaufhof-Vorstände zu reiten. Die väterliche Freigebigkeit hatte somit auch geschäftliche Motive, denn dank solcher Kontakte konnte der Junior das schwäbische Familienunternehmen bei Geschäftspartnern repräsentieren. Schließlich wurde Trigema-Wäsche auch in den Warenhäusern des Kaufhof-Konzerns angeboten.

Von Vater und Großvater übernahm Wolfgang Grupp den Hang zur Spitze: Das Äußere musste erstklassig und tadellos sein. Um das zu erreichen, hatte er schon als Internatsschüler seine Eltern und Verwandten darum gebeten, ihm keine Gegenstände mehr zu schenken, sondern stattdessen Geld. Die im Laufe der Zeit auf seinem Sparbuch eingegangenen Beträge verwendete er 1962, um sich eine Uhr zu kaufen, eine weißgoldene Piaget. So ein teures Geschenk hätte er von niemandem bekommen, aber dank seiner Sparsamkeit konnte er sich als Zwanzigjähriger die ultraflache Uhr leisten. Er trägt sie bis heute gern und voller Stolz.

Aber zu Beginn seines Studiums ging es Wolfgang Grupp beileibe nicht nur um exquisite Accessoires, sondern auch um die Umgebung. Entsprechend schätzte er das gegenüber dem Dom am Hauptbahnhof gelegene Hotel *Excelsior*, in dem sein Vater abzusteigen pflegte, wenn er in die Rheinmetropole kam. Grupp junior stellte fest, dass man in dem Hotel sehr gut frühstücken konnte. Das opulente Angebot, das beinahe so gehaltvoll wie ein Mittagessen war, kostete sechs Mark. Für einen normalen Studenten wäre dies viel zu teuer gewesen, doch hier lagen die Verhältnisse anders. Der stets elegant gekleidete junge Mann genoss es, dass ihn alsbald die Oberkellner kannten und bevorzugt bedienten, wenn er mit der einen oder anderen Freundin zum ausgiebigen Frühstück erschien. So wurde das Restaurant des *Excelsior* für ihn während der Kölner Zeit zur zweiten Heimat. Auch weil er dort gelegentlich eine Wirtschaftsgröße am Nebentisch entdeckte, gefiel ihm die Atmosphäre des ersten Hauses am Platz besonders.

Aus der Sicht der übrigen Studierenden mochte der Unternehmersohn aus Burladingen einen großbürgerlich-abgehobenen Lebensstil pflegen, ausstaffiert mit allen Insignien des Wohlstands. Dennoch nahm er das Studium sehr ernst. Die Kölner Universität hatte seit jeher einen herausragenden Ruf in Bezug auf die Betriebswirtschaft. Entsprechend hoch waren die Anforderungen an Fleiß und Disziplin, die Wolfgang Grupp als ehemaliger Internatsschüler ohne Mühe erfüllte. 1967 legte er das Examen ab, mit Prädikat. Nun durfte er sich Diplomkaufmann nennen.

Wohin würde ihn sein weiterer Weg führen? Bereits nach dem Abitur hatte er in Burladingen ein Praktikum absolviert und damit die Arbeitswelt des Familienunternehmens näher kennengelernt. Einsteigen wollte er zu diesem Zeitpunkt noch nicht. Sein Vater war einundsechzig Jahre alt und vermied bislang, den Sohn in die aktive Geschäftsleitung einzubinden. 1967 in einer vitalen Stadt wie Köln zu leben bot sicherlich mehr Verlockungen für einen Fünfundzwanzigjährigen, der von seinem Professor angeregt wurde, eine Doktorarbeit zu schreiben. Ihr Thema sollte die Betriebskrankenkasse als Instrument unternehmerischer Sozialpolitik sein.

Seit Beginn der fünfziger Jahre gab es auch bei Trigema eine solche Einrichtung, die wie das gesamte Sozialwesen der Firma dem Arzt Dr. Engelbert Graf unterstand. Der zweite Schwiegersohn Josef Mayers hatte die Krankenkasse zusammen mit einer betriebsärztlichen Praxis aufgebaut, sodass der Doktorand das Forschungsfeld aus eigener Anschauung kannte.

Tennishemden und T-Shirts

Obwohl der junge Diplomkaufmann Wolfgang Grupp 1967 nicht im Betrieb mitarbeitete, wurde er dennoch für ihn tätig, allerdings in Köln. Dies hing mit einer komplexen Produkt- und Markeninnovation zusammen, die eine besondere Vorgeschichte besaß: Der auf Prominenz ausgerichtete Franz Grupp hatte Wilhelm Bungert kennengelernt, den seit dem Wimbledon-Finalisten Gottfried von Cramm international erfolgreichsten deutschen Tennisspieler. Die beiden spielten gelegentlich Tennis, wobei die Idee entstand, ein Tennishemd in Konkurrenz zum Markenführer Fred Perry herzustellen. Bungerts Name sollte als zentrale Werbebotschaft die Produkteinführung ermöglichen. Zur zeitgemäßen Vermarktung entwickelte eine Stuttgarter Werbeagentur ein geschwungenes Logo in Rot-Blau, das auf dem weißen Tennisdress gut zur Geltung kam. Parallel zu der frisch und dynamisch wirkenden farbigen Schwinge wurde ein Firmenlogo gestaltet, das das bereits seit Jahrzehnten am Burladinger Hauptwerk prangende Firmenkürzel Trigema einbezog.

Neu war hieran, dass sich die seit bald fünf Jahrzehnten bestehende Firma erstmals als Marke positionierte. Das Ziel war, künftig als eigenständiger Hersteller hochwertiger Produkte aufzutreten und nicht mehr nur namenlose Herrenunterwäsche für Versandhäuser oder Einzelhandelskonzerne zu liefern. Mit dem populärer werdenden Tennissport und der damit verbundenen Entwicklung von sommerlicher Freizeitmode ging ein Modernisierungsschub des Betriebs gemäß der Erkenntnis einher, dass Tradition und Qualität allein für einen dauerhaften Erfolg nicht ausreichen. Da der Absatz von Wäsche mittlerweile beharrlich stagnierte, benötigte die Firma dringend neue Produkt- und Vermarktungsideen. Insofern war Dr. Grupps Idee, auf Wilhelm Bungerts Popularität zu setzen und dabei die Marke Trigema zu etablieren, kreativ und zukunftsweisend.

Um das Bungert-Tennishemd von der Schwäbischen Alb zu promoten, wurde ein für die Firma stattliches Werbebudget in Höhe von dreihunderttausend Mark eingesetzt. Großformatige Anzeigen in Zeitungen und Zeitschriften machten das neue Produkt bundesweit bekannt. In Burladingen aber hatte sich niemand überlegt, wie die Vertriebsabteilung das eigentliche Geschäft handhaben sollte. Bislang lief der Verkauf nach dem Muster ab, dass der Vertriebschef mit Großkunden wie dem Textilversandhaus Witt Weiden um einen Wäscheauftrag im Volumen von bis zu fünf Millionen Mark verhandelte. Einzelhändler, also Sportgeschäfte, die lediglich sechzehn oder zwanzig Tennishemden in verschiedenen Größen bestellten, waren bislang als Kunden unbekannt. So kam es, dass die durch die Anzeigenwerbung auf das Bungert-Tennishemd aufmerksam gemachten Händler Bestellungen über einen Warenwert von wenigen hundert Mark aufgaben, doch in der Firmenzentrale blieben diese Kleinaufträge einfach unerledigt liegen.

Im Herbst 1967 arbeitete Wolfgang Grupp am Trigema-

Stand auf einer Sportmesse in Köln, wo er mit einer Reihe verärgerter Kunden konfrontiert wurde. Als Sohn des Chefs musste er deftige Kritik am Geschäftsgebaren der Firma einstecken, da sie nicht lieferte. Wie diese Vertriebspanne belegte, hatte man in der Zentrale die aufgrund der teuren Produkteinführung erforderlichen Umstellungen nicht konsequent zu Ende gedacht. In diesem Moment ergriff der junge Mann die Initiative. Er wollte den Unmut der Einzelhändler nicht einfach nach Burladingen weiterflanken oder auf sich sitzen lassen. Um Abhilfe zu schaffen, begann er, nachdem die Geschäftsleitung zugestimmt hatte, von Köln aus das Bestellaufkommen der Trigema-Sportwäsche zu koordinieren. Er nahm die Aufträge der Sportgeschäfte entgegen und gab sie gebündelt nach Schwaben durch, woraufhin der Vertrieb zu funktionieren begann. Daheim schien man erleichtert, diese kleinteiligen Bestellungen des in seinen Konturen noch kaum erkennbaren Geschäfts mit der Tennismode auf einem anderen Schreibtisch abladen zu können. Die Kärrnerarbeit verrichtete der Junior in Köln mit Akribie und nicht ohne Befriedigung, denn seine ersten Sporen verdiente er sich fernab des von seinem Vater und den Geschäftsführern der Tochterunternehmen dominierten Betriebsgeschehens.

Hätten sein Naturell und seine Ideen gegen Ende der sechziger Jahre nach Burladingen gepasst? Es war die Zeit des Vietnamkriegs und der aufbegehrenden Studenten, eine Zeit, die vom Ende der CDU-Dominanz und vom Beginn der sozial-liberalen Koalition, von »Pillenknick« und Frauenemanzipation geprägt war. In der Mode gab es einen immensen Trend zum legeren oder betont kessen Look, mit knalligen Farben, knapper werdenden Röcken und langen Stiefeln bei den Frauen, mit breiten Krawatten und großen Hemd-

Kesse Models: Auf Sportmessen präsentiert Trigema Tennismode, Wolfgang Grupp ist mittendrin (1968).

kragen bei den Männern. Aus den USA schwappte die Hippiewelle herüber. Bald waren verwaschene Jeans, bunte Baumwollhemden, breite Gürtel, längere Haare und lederne »Jesuslatschen« aus nordafrikanischer Produktion bei einer wachsenden Zahl junger Leute gefragt, nicht nur in den großen Städten, sondern auch auf dem Land.

Noch gab es keine Boutiquen und Lieferanten, die das ganze Sortiment für diese Moderichtung bereithielten. Ein findiger Händler aus Düsseldorf kaufte daher 1970 bei Trigema eine Partie weißer Herrenunterhemden mit Knopfleiste. Diese Klassiker der Burladinger Unterwäscheproduktion fanden keinen Absatz mehr. Da sie sich im Lager stapelten, bekam der Kunde die fünfhundert Stück zum Spottpreis. Der Händler war allerdings nicht von gestern, sondern auf dem Quivive und wusste genau, was er mit der Ware machen musste: Er färbte und batikte sie in poppigen Farben und bot die Unterhemden nun als trendige Shirts in seinen Läden an. Geradezu märchenhaft klingt, was nun folgte: Die Batikware ging in Düsseldorf wie warme Semmeln. Ein C&A-Einkäufer stieß auf diese mittlerweile wegen der Flower-Power-Kultur stärker nachgefragten Modeartikel und sah in den Kragen. Dort fand er das Herstellerschildchen der Burladinger, wo er sich sogleich meldete. Er wollte einen großen Posten Batikunterhemden ordern.

Bei Trigema wusste aber niemand etwas von dem Produkt, weil man schließlich nur weiße Unterhemden mit Knopfleiste verkauft hatte, nicht aber farbige. In seiner Verwirrung rief der Vertrieb in Köln an, worauf Wolfgang Grupp die Sache in die Hand nahm. Er rief den C&A-Einkäufer an und erbat von ihm ein Muster. Nachdem er es erhalten hatte, verstand er die Entstehung des beliebten Unterhemds und suchte kurz entschlossen die Burladinger Färberei auf, wo er deren Leiter mit der Frage konfrontierte, ob Trigema so etwas selbst herstellen könne. Als Grupp junior die Zusicherung erhielt, konnte er mit C&A einen Auftrag über dreitausend gebatikte Unterhemden zu acht Mark das Stück abschließen.

Der Vertriebschef war bass erstaunt, denn schließlich hatte man damit einen Berg von Ladenhütern gegen gutes Geld abgestoßen. Es kam aber noch besser: Wenig später meldete sich C&A erneut und wollte nun dreißigtausend Batikunterhemden jedweder Art innerhalb kürzester Zeit. Wolfgang Grupp besaß die Chuzpe, für den Eilauftrag zehn Mark pro Stück zu verlangen, und C&A willigte tatsächlich ein. Wegen hoher Lagerbestände konnte der Auftrag innerhalb einer Woche erledigt werden. Mit diesem Geschäft bewies

Trigema kundenorientierte Flexibilität und verdiente gut dabei, während Wolfgang Grupp lernte, mit Kunden auf Augenhöhe zu verhandeln. Seine wichtigste Erfahrung aus dem Batikgeschäft: Wer schnell und flexibel handelt, hat die Nase vorn, auch wenn es viele Konkurrenten gibt, die in der Lage sind, preisgünstig zu produzieren. Mit rascher, kreativer Anpassung an den fluktuierenden Bedarf, davon war er überzeugt, ließen sich auch künftig Marktanteile gewinnen.

Der Betrieb mit knapp tausend Mitarbeitern konnte allerdings nicht durch einige Sonderaufträge wie die gefärbten Unterhemden in die Gewinnzone zurückgeführt werden. Der Umsatz lag in einer bedenklich niedrigen Zone, 1969 waren es nur 17,4 Millionen Mark. Es war höchste Zeit, die Initiative zu ergreifen. Umgehend wurde daher die Produktlinie »trigema batik-like« entwickelt, womit das Unternehmen der erste Anbieter in Deutschland war, der die Batik-Dessins in großer Stückzahl auf den Markt brachte. Auch aus diesem Grund stieg der Umsatz zweistellig an. Zu Beginn der sechziger Jahre hatte die schwäbische Firma noch über Guthaben verfügt, doch 1969 ächzte sie wegen des Aufbaus der Tochtergesellschaften unter einer Schuldenlast von zehn Millionen Mark. Die damit verbundene Krise des Wäscheherstellers war nur zum Teil hausgemacht. Der in den Sechzigern einsetzende radikale Strukturwandel der Textilbranche brachte viele Betriebe in schwere Bedrängnis. Massenware wie leicht zu nähende Textilien wurde in verstärktem Maße im Ausland hergestellt und nach Deutschland importiert. Anfangs kam diese Ware aus Südosteuropa, doch schon bald auch aus Ostasien. Die traditionsreichen deutschen Wäschefabrikanten, an deren Spitze Schiesser in Radolfzell mit viertausend Mitarbeitern stand, gerieten infolgedessen wegen ihrer höheren Stückpreise unter den massiven Druck ihrer Hauptkunden.

Die Einkäufer der Versandhäuser Quelle, Otto, Bader und Wenz sowie von Karstadt, Kaufhof, Horten, Hertie, C&A und Witt Weiden drängten wiederholt auf Preisnachlässe beim Einkauf. Wer da nicht mitzog, riskierte es, seine wichtigsten Kunden zu verlieren. Und wer den Preis wie gefordert reduzierte, sprengte seine Kalkulation. Daher beschlossen in dieser Zeit nicht wenige der größeren deutschen Textilhersteller, einen Teil ihrer Produktion ins Ausland zu verlagern. Der Abschied vom »Made in Germany« wurde eingeleitet. Unklar war, inwieweit der Konsument bei Bekleidung überhaupt darauf Wert legte. Viele kleinere Betriebe in den bundesdeutschen Textilregionen, also im Bielefelder Raum, am Niederrhein, in Franken, in der Oberpfalz, im Schwarzwald oder eben auf der Schwäbischen Alb, traf diese Umwälzung mit voller Wucht. Wer nicht die Möglichkeit besaß, seine Produktionskosten zu verringern oder aber durch Rationalisierung und modernere Maschinen einen höheren Pro-Kopf-Umsatz zu erzielen, schien dem Untergang geweiht. Deswegen waren Betriebsschließungen seit den sechziger Jahren in der Textilbranche gang und gäbe. Der Boom der Wirtschaftswunderjahre, als es galt, den allgemeinen Bedarf an Kleidung erst einmal zu decken, war unwiederbringlich vorbei. Zusätzlich sorgten die Nachwirkungen der ersten veritablen Rezession der Bundesrepublik von 1967 für eine weitere Minderung der Nachfrage.

Unterhemden mit Knopfleiste hatte Josef Mayer von Beginn an produziert. Über Jahrzehnte hatten derartige Produkte zum gesunden Betriebsergebnis in Burladingen beigetragen, doch jetzt haftete ihnen der Mief eines altväterlichen

Klassikers an. Die Konsumenten wollten etwas anderes, und die Großkunden drückten die Einkaufspreise. Was konnte in dieser Lage ein mittelständisches Unternehmen wie Trigema retten? Die Produktion von Jerseystoffen oder von Kunststoffteilen der Tochterfirma Plastro-Mayer half dem Textilhersteller nicht. Immer deutlicher zeichnete sich ab, dass die Firma binnen weniger Jahre auf der Kippe stünde, wenn sie sich nicht energisch neu orientierte.

Franz Grupp war sich der dramatischen Situation bewusst, doch hatten seine Geschäftsführer und er selbst keine zündende Idee. Die Bungert-Tennishemden trugen nur wenige Prozent zum Umsatz bei. Was wollte man bei einer Markteinführung auch anderes erwarten? Schließlich war die Konkurrenz wie Fred Perry oder Lacoste solide etabliert. In dieser prekären Lage rief der Firmenchef seinen Sohn nach Hause: Er sollte in der Firmenzentrale helfen, dem Abwärtskurs Einhalt zu gebieten. Der Siebenundzwanzigjährige – es war das Jahr 1969 – kam bereitwillig. Seine noch nicht fertig gestellte Dissertation legte er ad acta. Da dem jungen Diplomkaufmann die akademische Recherche und theoretische Arbeit ohnehin nicht lag, fasste er sie nie wieder an. Er wollte fortan praktisch tätig sein.

Inspiriert von der jugendlichen Mode, die er in seiner großstädtischen Umgebung kennengelernt hatte, favorisierte Wolfgang Grupp das aus Amerika eingeführte T-Shirt als zukunftsträchtigen Trigema-Artikel. Die Herstellung des elastischen Stoffs, das Färben, den Zuschnitt und das Nähen konnte man ohne weiteres innerhalb des Werks durchführen. Da allerdings zum modischen T-Shirt auch aufgedruckte Motive gehörten, musste bei Trigema neben einer Produktentwicklungsabteilung eine eigene Motivdruckerei geschaffen werden. Diese Neuausrichtung ließ sich aber nicht über Nacht und ohne Investitionen etablieren. Zwangsläufig geriet der Junior mit dem Vater und dessen Führungsmannschaft aneinander. Schnell stand die einfache Frage »Wer hat das Sagen?« im Raum. Offenkundig stimmte die Chemie nicht zwischen dem ambitionierten Sohn und dem prestigeorientierten Vater. Der wollte den Chefsessel nicht räumen, obwohl er bereits Mitte sechzig war.

Trotz dieser internen Reibereien gelang es, die Produktion von T-Shirts effizienter zu gestalten und die wachsende Nachfrage von Kaufhausketten und Versandhäusern zu bedienen. Bald basierte das Unternehmen auf den drei Bereichen Herrenunterwäsche, T-Shirt und Tennis- bzw. Freizeitmode. Eine besondere Leistung von Wolfgang Grupp bestand darin, Lizenzverträge zu populären Motiven abzuschließen, mit deren Logos oder Imageträgern die Trigema-Shirts exklusiv bedruckt wurden. Den Anfang machten Walt Disneys Trickfilmfiguren »Mickey Mouse« und »Donald Duck«. Dann folgten die Helden der Fernsehserie »Sesamstraße«, also »Ernie«, »Bert« und »Krümelmonster«, sowie die Komiker »Dick und Doof«. Sie standen allesamt jahrelang bei Kindern hoch im Kurs. Diese mit deutschen und amerikanischen Lizenzgebern ausgehandelten Verträge rentierten sich für die Firma. Bereits die Walt-Disney-Shirts orderte der Handel in sehr hohen Stückzahlen. So etwas konnte man doch in derartiger Kapazität in ostasiatischer Lohnfertigung nähen und bedrucken lassen!

Wie das Gros der deutschen Textilhersteller war Wolfgang Grupp den geschäftlichen Möglichkeiten der Auslandsproduktion gegenüber aufgeschlossen, doch ein persönliches Defizit belastete ihn von Anfang an: Da er in seiner Schulzeit kein

Englisch, sondern Französisch, Latein und Altgriechisch erlernt hatte, konnte er vor Ort nicht selbständig verhandeln. Er bekam allerdings ein erstklassiges Entree, denn das Karstadt-Einkaufsbüro in Hongkong half ihm 1972, ins Geschäft einzusteigen, indem es für den nach geeigneten Herstellern suchenden Unternehmer einige Termine machte. Das war ein guter Anfang, denn wegen seiner offenkundig engen Beziehung zum Karstadt-Einkäufer stand der Neuling aus Schwaben gleich hoch im Kurs. Grupp wollte nicht kleckern, sondern klotzen und orderte umgehend dreihunderttausend T-Shirts mit aufgedruckten Walt-Disney-Motiven. Als Gegenleistung für die Starthilfe überließ er Karstadt ein Drittel der Partie zum Einkaufspreis von zwei Mark pro T-Shirt.

Den damals dreißigjährigen Wolfgang Grupp störte nach den ersten Geschäftsanbahnungen in Hongkong massiv, dass er ohne Englischkenntnisse auf die Vermittlung des Karstadt-Büros und auf Dolmetscher angewiesen war. Deshalb kaufte er sich ein autodidaktisches Englisch-Lehrbuch und machte es sich zur Gewohnheit, die Sprache während der langen Flüge und im Hotel zu lernen. Den Beginn der ersten Lektion wird er nie vergessen: »This is Mr. Smith …« Zweimal im Jahr reiste er fortan in die britische Kronkolonie, um die Arbeitsergebnisse der Lohnfertigung kritisch zu prüfen. Bald konnte er sich sowohl mit den chinesischen Geschäftsleuten in der Wirk- und Strickwarenfabrik als auch mit Amerikanerinnen an der Hotelbar verständigen. Innerhalb kurzer Zeit machte der Burladinger in Hongkong wichtige Erfahrungen hinsichtlich der Auftragsvergabe, der Arbeitsabläufe, der Logistik und nicht zuletzt des Umgangs mit fernöstlichen Partnern. Die hohe Gewinnspanne zwischen Einkaufs- und Verkaufspreis – jedes der T-Shirts mit den Walt-Disney-Figuren ging in Deutschland für zehn Mark an den Textilhandel – war verlockend, doch Grupp fiel ein beträchtliches Manko auf: Die Qualität reichte bei weitem noch nicht an die deutschen Standards heran, von der Flexibilität und den Arbeitsbedingungen in der Lohnfertigung ganz zu schweigen.

Das Geschäft mit den T-Shirts florierte und stieg schnell zum wichtigsten Umsatzträger von Trigema auf. Insofern trug der Sohn wesentlich zur Rettung des verschuldeten Familienbetriebs bei. Dass sein Vater einen Teil der Gewinne in die defizitären Tochtergesellschaften wie Plastro-Mayer steckte, rief bei Wolfgang Grupp massiven Protest hervor. Die Auseinandersetzung eskalierte bereits 1972 so heftig, dass der Junior eine kategorische Klärung verlangte: Entweder er erhielte freie Hand in allen geschäftlichen Entscheidungen, oder er würde kündigen und das Unternehmen verlassen.

Wiederholt hatte es seit seinem Einstieg drei Jahre zuvor Führungskonflikte in der Firma gegeben. Wenn er etwas freigab, und sei es nur die Anschaffung eines Lastwagens, konnte der aufbrausende Senior den Angestellten, der den Auftrag ausgeführt hatte, »zur Sau machen«, wie sich Wolfgang Grupp erinnert. Diese die Betriebsabläufe störenden und das Klima vergiftenden Zustände mussten ein Ende finden. Schließlich lenkte der Vater ein und zog sich im Sommer 1972 aus dem operativen Geschäft zurück. Allerdings blieb er nominell der Chef des Hauses, damit er sein Gesicht wahren konnte. Familienintern war besprochen, dass er die Leitung im Dezember 1975 anlässlich seines siebzigsten Geburtstags offiziell in die Hände des Sohnes legen würde.

Nun endlich besaß der Dreißigjährige die nötige Gestaltungsfreiheit. Eine seiner ersten Amtshandlungen bestand darin, die defizitäre Produktion von Jerseystoffen und Baumwollpullovern zu beenden. Wichtiger noch war die Umstellung der Produktion: Bislang hatte man bei Trigema auf Bestelleingänge gewartet und erst danach produziert. Das widersprach jeder kaufmännischen Logik, denn beispielsweise der Großkunde Witt Weiden orderte Jahr für Jahr in feststehenden Quantitäten die gleichen Artikel. Dennoch hatte die Firmenleitung erst nach der meist im April oder Mai erfolgten Auftragserteilung durch das Versandhaus mit der Produktion der Ware begonnen, wodurch es in der Herbstsaison immer wieder zu enormen Lieferschwierigkeiten gekommen war. Im Frühjahr hingegen hatte man oft nicht gewusst, wie man die Arbeitskräfte beschäftigen sollte. Hier setzte Wolfgang Grupp entschieden an und ließ in der Zeit nach dem Jahreswechsel mit vollem Risiko Winterunterwäsche auf Lager produzieren. Dadurch ermöglichte er es, dass der Betrieb im Herbst problemlos liefern konnte und infolgedessen zudem über die Option verfügte, eingehende Nachaufträge zu bedienen.

Das war aber nicht der einzige Zopf, der abgeschnitten wurde: 1973 ließ Wolfgang Grupp in der Burladinger Verwaltung sämtliche Trennwände herausreißen. Er wollte ein Großraumbüro für die vierundvierzig Angestellten der Zentrale. Vorzimmer und Sekretärinnen einzelner Führungskräfte wurden abgeschafft. Die Betroffenen rieben sich die Augen, aber sie mussten sich dem Diktat des Chefs fügen. Zur allgemeinen Verwunderung stellte der seinen eigenen Schreibtisch in den mit orangen Wänden und beigem Teppichboden ausgestalteten Großraum.

Auch wenn Trigema wegen der von Franz Grupp aufgenommenen Millionenkredite hoch verschuldet war, warf der Textilbetrieb Gewinne ab. Daher hatte etwa der die Geschäfte

Die Trigema-Leitung in der Übergangsphase: Dr. Franz Grupp, Wolfgang Grupp und sein Schwager Dr. med. Engelbert Graf.

führende Direktor Ende der sechziger Jahre einen stattlichen Monatsverdienst: Er belief sich auf dreitausend Mark Festgehalt, zu denen noch siebentausend Mark Tantieme kamen. Damit honorierte die Firma die regelmäßig erzielte fünfprozentige Rendite und zahlte der langjährigen Führungskraft ein Zehntel des Betriebsgewinns. Nachdem Wolfgang Grupp Einblick in die Bücher genommen hatte, schlug er seinem Vater für sich persönlich ein neues Modell vor: Er wollte kein Gehalt, sondern zehn Prozent vom Gewinn vorab. Bevor also die übrigen Gesellschafter ihre Ausschüttung erhielten, sollte er selbst seine Auszahlung bekommen, sodass der unter den übrigen Empfangsberechtigten zu verteilende Anteil geringer ausfiel. Der diplomierte Betriebswirt entwarf dazu einen Tantiemevertrag mit einer Klausel, die seine Einkünfte progressiv abhängig vom Erfolg festlegte: Er würde einen höheren prozentualen Anteil des Gewinns bekommen, wenn die Umsatzrendite fünf Prozent überstieg. Laut Vertrag konnte sein Anteil maximal vierzig Prozent des Gewinns erreichen.

Welche tatsächlichen Verdienste waren für den jungen Chef dabei im Idealfall möglich? Beispielhaft sind dafür bereits die ersten Jahre seiner Geschäftsleitung, in denen Trigema dank einer hohen Rendite zwei Millionen Mark Gewinn erzielte. Davon erhielt Wolfgang Grupp entsprechend dem Tantiemevertrag fünfhunderttausend Mark vorab. Für die übrigen Gesellschafter, also Franz Grupp und die Familie Graf, verblieben lediglich dreihunderttausend Mark, da die Tochterfirmen des Vaters in dem Geschäftsjahr 1,2 Millionen Verlust gemacht hatten. Weil es dem Junior gelungen war, die Rendite höher zu schrauben, erzielte er ein für die Größe der Firma exorbitantes Jahreseinkommen. Selbst wenn er es gewollt hätte – so viel Geld konnte er kaum ausgeben, denn er war unverheiratet und besaß noch nicht einmal ein eigenes Haus. So betrieb er schon bald nach seinem Eintritt in das Familienunternehmen Vermögensbildung.

Seit der Rückkehr aus Köln bis zum Revirement in der Geschäftsführung hatte Wolfgang Grupp bei seinen Eltern gewohnt. 1972 war er ins Haus seiner Großeltern gezogen, in dem weiterhin die Witwe Josef Mayers lebte. Dort richtete er sich nach eigenen Worten eine Junggesellenwohnung ein. Eine Frau an seiner Seite gab es nicht. Vorerst betrachtete er als seine Familie den Betrieb, dessen Führung er mit Leidenschaft und Strenge ergriff. Schon bald sprach er mit Vorliebe von der »Betriebsfamilie«. Dass es hier auch einen Betriebsrat gab, ging auf die Ära der vom Vater eingesetzten Geschäftsführer zurück. Sie hatten diese Neuerung in der Phase zugelassen, als die betriebliche Mitbestimmung eines der großen Themen in der Bundesrepublik war. Wolfgang Grupp stieß sich wiederholt an den Betriebsräten, aber er fand eine eigene Lösung: Er sorgte dafür, dass sich nicht allein die gewerkschaftlich orientierten Mitarbeiter als Betriebsratskandidaten zur Wahl stellten, sondern auch diejenigen, die er für seine besten Leute hielt. Auf diesem Wege wurden mit der Zeit die Leiter einzelner Abteilungen, die arbeitsbedingt ohnehin Autorität und Ansehen besaßen und der Geschäftsführung nahe standen, in den Betriebsrat gewählt.

Ein eminent wichtiges Ziel stellte in der ersten Hälfte der siebziger Jahre die Optimierung der Betriebsabläufe dar. In dieser Phase suchte Wolfgang Grupp Rat bei befreundeten Textilunternehmern von der Schwäbischen Alb, mit denen Trigema nicht direkt konkurrierte. Konkret fragte er, welche technischen Modernisierungen im Betrieb sie als zeitgemäß erachteten. Dabei wurde der junge Grupp als wissbegierig und innovationsfreudig wahrgenommen. In der Folgezeit wurden einige der bislang in den Zweigbetrieben ansässigen Produktionsbereiche im Hauptwerk zusammengeführt. Hinzu kam ein millionenschweres Investitionsprogramm zur Erneuerung der technischen Anlagen. So wurde die Stoffproduktion auf Dreißig-Zoll-Maschinen umgestellt und eine automatische Zuschneidestraße installiert, während die Näherei einhundert neue Nähmaschinen erhielt. In der Verwaltung ließ Grupp elektronische Datenverarbeitung einrichten, um auch hier auf dem Stand der Zeit zu sein. Der Elan des Chefs griff auf alle Abteilungen über und zahlte sich zusehends aus. Mittels der gezielt vorangetriebenen Rationalisierung der Textilproduktion und der modischen Ausrichtung der Produktpalette gelang es unter Wolfgang Grupps Leitung, wachsende Umsätze zu erzielen. Da seine Maßnahmen

Erfolg hatten, fand der neue Mann an der Spitze im Betriebsrat einen Mitspieler, der bei den ständigen Umstrukturierungen und einem – ohne Kündigungen vollzogenen – moderaten Personalabbau auch vonnöten war.

Noch zu Beginn der siebziger Jahre hatte Trigema neben dem Burladinger Stammwerk zehn Filialfirmen mit jeweils zwanzig bis vierzig Beschäftigten unterhalten. Von diesen Kleinbetrieben trennte sich Grupp sukzessive und fasste sie in neu errichteten Zweigwerken in Rangendingen bei Hechingen mit zweihundert und Altshausen bei Ravensburg mit dreihundert Arbeitsplätzen zusammen. Die Mitarbeiter wurden nicht entlassen; das Unternehmen bot ihnen Stellen in den modernen Werken an, auch wenn diese einige Kilometer von der bisherigen Arbeitsstätte entfernt lagen. Nicht jeder war zu diesem Schritt bereit. Manche verließen Trigema, um weiter in ihrem Heimatort tätig zu sein.

Generationenwechsel und Unternehmerbotschaften

Klappern gehört zum Geschäft. Das wussten auch die Grupps, die einmal im Jahr zur Bilanzpressekonferenz in ein Stuttgarter Hotel einluden. Üblicherweise erschienen dort Vertreter der Regional- und Fachpresse und Wirtschaftsjournalisten großer Zeitungen wie *FAZ*, *Handelsblatt* und *Welt*. Am 11. Dezember 1975, einen Tag vor Franz Grupps siebzigstem Geburtstag, gab die Firma ihre Umsatzzahlen bekannt. Dabei informierte sie über den fünfzehnprozentigen Exportanteil und ihre Auslandsfertigung sowie über Investitionen, Abschreibungen und Beschäftigtenzahlen. Besonders stolz war sie auf den im Vergleich zur Branche überdurchschnittlichen Pro-Kopf-Umsatz in Höhe von siebenundachtzigtausend Mark.

Die Bilanz der bis zum Jahresende 1975 geleisteten Arbeit, als Dr. Grupp offiziell die Handlungsvollmacht an den älteren seiner beiden Söhne übergab, war überaus positiv: Der *FAZ* zufolge verzeichnete Trigemas T-Shirt-Umsatz gegenüber dem Vorjahr einen fünfzigprozentigen Zuwachs auf sechsunddreißig Millionen Mark. Rund zwanzigtausend T-Shirts wurden täglich ausgeliefert. Damit war Trigema der wichtigste Produzent dieser Modeware in Deutschland. Den Umsatz ergänzte Tennisbekleidung für drei Millionen und das traditionelle Unterwäschegeschäft mit vierundzwanzig Millionen Mark. Somit war es gelungen, innerhalb weniger Jahre ein neues, solides Standbein aufzubauen, was den Umsatz deutlich nach oben geschraubt hatte. Allerdings war der Verkauf von T-Shirts stark witterungsabhängig: Je sonniger Frühjahr und Sommer ausfielen, desto kräftiger war die Nachfrage. Solche Einflüsse hatte Trigema früher nicht gekannt.

Weiterhin berichtete die *FAZ*, dass die jetzt siebenhundertfünfzig Mitarbeiter der Firma ausgelastet waren und zusätzlich noch zwölf Prozent der Erzeugnisse durch Lohnfertigung in einem überwiegend für Trigema arbeitenden Hongkonger Betrieb hergestellt wurden. Die Ertragslage des Burladinger Unternehmens bezeichnete die wirtschaftsaffine Zeitung als »bemerkenswert«, da es weder kurz- noch langfristige Kredite gab. Tatsächlich war es gelungen, die zehn Millionen Mark an Verbindlichkeiten abzubauen.

Neben den Betriebsergebnissen wurde vor der Presse auch die formelle Stabübergabe an Wolfgang Grupp angezeigt: Zum 1. Januar 1976 überschrieben ihm seine Eltern die bislang von ihnen gehaltenen 52,5 Prozent Gesellschafteranteile. Die übrigen Anteile besaß die Familie der zweiten Tochter Josef Mayers, Maja Graf. Somit hatte der junge Firmenchef nunmehr offiziell als alleiniger geschäftsführender Gesellschafter die Kontrolle über das Unternehmen. Sein Vater zog sich nicht gänzlich aus dem Berufsleben zurück. Weiterhin leitete er die von ihm gegründeten Firmen Plastro-Mayer in Trochtelfingen und Leco in Gerstetten, wobei vorgesehen war, dass sie sein 1954 geborener zweiter Sohn Johannes eines Tages übernehmen sollte.

Wolfgang Grupp nutzte die Pressekonferenz entschlossen

zur Profilierung. Dabei stellte er Trigema als Deutschlands größten T-Shirt- und Freizeitkleidungshersteller heraus. Unverkennbar rechnete er es sich als persönliches Verdienst an, dass mittlerweile über die Hälfte des gegenüber 1969 mehr als verdoppelten Umsatzes mit T-Shirts erzielt wurde. Zu Recht, denn schließlich hatte er mit aller Entschiedenheit auf diese modische Karte gesetzt. Die Presse sollte erfahren, dass bei Trigema nicht nur seit einigen Jahren frischer Wind wehte, sondern sogar eine neue Ära begann. Der junge Chef präsentierte daher seine Unternehmensphilosophie, nach der er die betriebliche Arbeit und die Geschäftspolitik ausrichtete:

1. überschaubare Unternehmensgröße,
2. kein Prestigedenken, sondern Arbeitsplatzsicherung,
3. markt- und verbraucherorientierte Produktion,
4. kein Umsatz-, sondern Renditedenken,
5. Teamarbeit, Menschenwürde und Freiheit am Arbeitsplatz.

Was bedeutete dieses Programm am Ende des Jahres 1975? Zuallererst ließ es eine Abkehr vom diversifizierten Geschäftsmodell des Vaters erkennen. Und darüber hinaus? Mischte hier ein Mittelständler schwäbischer Prägung konservative Geschäftsmaximen mit marktwirtschaftlichen und sozialpolitischen Elementen? – Menschenwürde und Freiheit am Arbeitsplatz, das klang geradezu nach einem linken Credo, womit Wolfgang Grupp womöglich als »junger Wilder« im politisch tiefschwarzen Hohenzollern hätte Furore machen können. Wie sollte das in der Färberei oder an der Nähmaschine aussehen? Das blieb rätselhaft, und die Journalisten gingen nicht weiter darauf ein. Zum Abschluss diktierte ihnen der Trigema-Chef noch in den Block, es sei eine echte unternehmerische Mittelstandspolitik erforderlich, denn ohne die mittelständische Industrie sei die Bundesrepublik auf lange Sicht nicht lebensfähig.

So etwas war ungewöhnlich. Von einem der Stricker und Wirker von der Schwäbischen Alb hatte man derartige Statements noch nicht vernommen. Wellen schlugen sie allerdings nicht. Die unternehmerischen Maximen wären vielleicht vollends in dem Tagungsraum des Hotels verebbt, wenn die *Stuttgarter Nachrichten* sie nicht wiedergegeben hätten. Gleichwohl war die Berichterstattung der Tages- und Fachpresse über Trigema sehr positiv. Man sparte nicht mit Lob, da es die Firma in einem stagnierenden Marktumfeld schaffte, ihre Leute voll zu beschäftigen und den Umsatz zu steigern. Der *Textil-Wirtschaft* galt sie als »Musterbeispiel« für Elastizität und schnelles Reaktionsvermögen. Solche Anerkennungen mussten dem jungen Firmenchef wie eine bracheninterne Promotion vorkommen. Ausruhen konnte und wollte er sich darauf allerdings nicht, denn der Lorbeer in der Wirtschaft welkt sehr schnell.

Anlässlich seines siebzigsten Geburtstags gab Dr. Franz Grupp am 12. Dezember im Stuttgarter Grandhotel *Graf Zeppelin* einen Empfang. Zu den Gästen gehörten viele Repräsentanten aus Wirtschaft und Politik, auch Vertreter der Kirche. Da der Jubilar Honorarkonsul des Tschad war, nahm auch der Doyen des Konsularischen Korps in Stuttgart an der Feierstunde teil. Zur besonderen Freude des Unternehmers wurde er von Eduard Adorno, dem baden-württembergischen Minister für Angelegenheiten des Bundes, gewürdigt. Dem Laudator galt der einstige Firmenchef als vorbildlicher »Unternehmer mit Weitblick und sozialem Verständnis«, auch wegen der von ihm geförderten betrieblichen Sozialleistungen.

Der Senior hatte eine religiöse Ader, die unter anderem in der Unterstützung der Akademie der Diözese Rottenburg und seiner Mitarbeit in der Vereinigung katholischer Unternehmer zum Tragen kam. Dafür wurde ihm der Dank des Rottenburger Bischofs zuteil. Der Senat der Universität Tübingen schließlich ernannte den dort Jahrzehnte zuvor Promovierten und späteren finanziellen Förderer der Hochschule zum Ehrensenator. Unverkennbar besaß Franz Grupp nicht nur einen Hang zum Renommee, sondern auch eine ausgeprägte freigebige Haltung, sodass die vielschichtigen Würdigungen nachvollziehbar waren.

Auf dem breiten roten Teppich, den man Grupp senior in Stuttgart, untermalt von Mozart- und Haydn-Klängen, auf dem festlichen Empfang ausrollte, stand auch sein dreiunddreißigjähriger Sohn Wolfgang. Er hatte seinen Vater in Kindheit und Jugend, aber auch noch als junger Erwachsener als strikte Autorität und großzügigen Gönner kennengelernt. Noch ein Jahrzehnt zuvor war es ihm untersagt gewesen, eine Freundin mit ins Elternhaus zu bringen, doch zur gleichen Zeit durfte er sich in Köln voll ausleben. Und der Vorliebe des Vaters für PS-starke Autos hatte es der Sohn zu verdanken, dass er während des Studiums einen Austin Healey erhielt. Der exklusive englische Roadster mit seiner Drei-Liter-Maschine kostete stolze zwanzigtausend Mark – ein automobiler Traum der frühen Sechziger! Generell legte Franz Grupp gegenüber seinen drei Kindern eine eigenwillige Mischung aus konservativer Strenge und hedonistischer Schenkerfreude an den Tag. Leicht war es nicht, damit zu leben, aber es gab immer wieder erfrischende Überraschungen.

Schnittig: der Student Wolfgang Grupp im »Schiwago«-Mantel vor seinem Austin Healey (1968).

Die vehementen Konflikte um die Führung und Neuausrichtung des Unternehmens, die Vater und Sohn zu Beginn der siebziger Jahre ausgefochten hatten, bildeten keinen Anlass zu einer dauerhaften persönlichen Verstimmung der beiden. Das konnten sie trennen, in gegenseitigem Respekt. So war es keine bloße Festtagsrhetorik, als der neue Firmeninhaber seinem Vater auf dem Empfang in herzlichen Worten Dank für das in ihn gesetzte Vertrauen aussprach. Wichtig für ihn und seine Entwicklung als Unternehmer sei gewesen, sagte er, dass er in den zurückliegenden Jahren freie Hand erhalten habe, um seine Ideen erproben und im Betrieb umsetzen zu können.

Wenige Tage später stellte sich Wolfgang Grupp auch der Belegschaft offiziell als neuer Inhaber vor. Anlass dafür bot die Betriebsweihnachtsfeier, die für sämtliche Mitarbeiter der

Unternehmen Trigema, Plastro-Mayer und Leco im Stuttgarter *Intercontinental* stattfand. Um gute Stimmung aufkommen zu lassen, hatte die Geschäftsführung eigens Roberto Blanco mit seiner Combo engagiert. Der populäre Schlagersänger legte sich ins Zeug und gab damit den Rahmen für die Veranstaltung ab, auf der Franz Grupp Firmenjubilare ehrte, die vierzig und sogar fünfzig Jahre im Textilbetrieb gearbeitet hatten. Derart lange Zugehörigkeiten waren keineswegs untypisch für die Betriebe auf der Schwäbischen Alb. Sie wurden von der Industrie- und Handelskammer mit Urkunden und seitens der Unternehmer mit Geldprämien honoriert.

Der neue Inhaber fasste die Leistungsbilanz der jüngsten Vergangenheit zusammen, in der es durch gezielte Umstrukturierungen gelungen war, dem Textilbetrieb eine solide Wachstumsperspektive zu geben. Dabei dankte Wolfgang Grupp der Belegschaft. Sie habe auch in harten Zeiten ihre Loyalität und Verlässlichkeit bewiesen. Er versicherte den Anwesenden, mit seiner ganzen Kraft für die Firma zu arbeiten. Seinen Worten war deutlich zu entnehmen, dass es für ihn keine Nebenschauplätze wie die Tochterfirmen des Vaters geben würde.

Wer Wolfgang Grupp heute in einer Talkshow oder als Vortragsredner erlebt, der wird Zeuge davon, wie standortpolitische und wirtschaftsethische Thesen mit der Verve eines energischen Predigers vorgetragen werden können. Unüberhörbar ist sein Talent zur freien Rede, aber auch seine Freude daran, sich einem großen Kreis mitteilen und seine Standpunkte verbreiten zu dürfen. Seine Mimik wirkt oft steif, seine Gestik beherrscht, aber das Entscheidende ist seine Stimme: Sie hat einen nur leicht süddeutsch eingefärbten Klang und kann in einem breiten Spektrum changieren zwischen Schärfe und Emotionalität des Ausdrucks. Damit transportiert der Unternehmer seine Argumente und Entgegnungen, die nicht immer geschliffen und fehlerfrei daherkommen. So wirken sie nicht gänzlich einstudiert wie bei den sattsam talkshowbekannten Politikern und Repräsentanten bestimmter Interessen. In deutschen Unternehmerkreisen sind Talente von gleichem Rang kaum bekannt. Wenn es sie geben sollte, dann zeigen sie sich nicht der breiten Öffentlichkeit.

1953 wurde Wolfgang Grupp von seinen Eltern auf das Jesuiteninternat St. Blasien im Südschwarzwald geschickt. Rührt möglicherweise daher die Intensität seiner Rede? Viele Jesuitenschüler haben es zu etwas gebracht, auch und gerade wegen der Fähigkeit zur zielgruppengerechten Artikulation. Erinnert sei nur an die Politiker Heiner Geißler und Oskar Lafontaine, den Cap-Anamur-Gründer Rupert Neudeck, den Journalisten Nikolaus Brender und den Salemer Pädagogen Bernhard Bueb. Sogar der kubanische Diktator Fidel Castro hatte in seiner Jugend die Erziehung des katholischen Ordens genossen. Dieser war einst im 16. Jahrhundert angetreten, den Papst zu stützen, weltweit Mission zu betreiben und den in Nordwesteuropa grassierenden Protestantismus mit den Waffen der Intelligenz und des Intellekts zurückzudrängen. Die Societas Jesu, wie die Ordensgemeinschaft genannt wird, erwarb sich im Lauf der Zeit den Ruf einer straff organisierten Institution, die bezüglich ihrer weltoffenen Bildungsnähe, die in ihren hochklassigen Schulen gepflegt wurde, alle anderen katholischen Orden in den Schatten stellte. In verschiedenen Staaten wurde der papsttreue Orden zeitweise verboten, in Deutschland zuletzt im Dritten Reich, aber stets schaffte er den Neubeginn.

Wenn Grupp öffentlich spricht, hat er nichts von einem Demagogen oder etwa dem Jesuitenpater Johannes Leppich, der in den fünfziger und sechziger Jahren in populärer, ja teilweise offensiver Manier in den Industrierevieren für christliche Werte warb und damit Zirkuszelte oder ganze Fußballstadien füllte. Wie das »Maschinengewehr Gottes« – so wurde der aus Schlesien stammende Geistliche wegen seiner Gesellschaftskritik genannt – führt sich der Schwabe wahrlich nicht auf. Aber er hat etwas von einem Prediger, denn er ruft beharrlich zu Besinnung und Umkehr auf, wenn er die Lage der deutschen Wirtschaft im Zeitalter von Globalisierung und Finanzkrise beklagt. Bemerkenswert daran ist, dass die zentralen Standpunkte des Unternehmers bereits vor über dreißig Jahren postuliert wurden. Er bleibt sich treu. Wirkt er deshalb auf das Publikum so unverstellt und authentisch?

Viele Talente mag Grupp besitzen, ein Autor aber ist er nicht. Deshalb gibt es von ihm keine schriftliche Abhandlung über gesellschaftspolitische Thesen und Leitbilder der Unternehmensführung, wie sie der Bertelsmann-Patriarch Reinhard Mohn etwa 1986 in dem Buch *Erfolg durch Partnerschaft* verbreitete. Es kommt selten vor, dass der Trigema-Chef selbst etwas schreibt. Er hat schnell gelernt, dass es sehr viel bequemer und vor allem effektiver ist, wenn Journalisten über ihn und seine Firma berichten. Der längste von ihm verfasste Text erschien im Frühjahr 1976 in der *FAZ*-Beilage »Blick durch die Wirtschaft«. Der Artikel war eine Bestandsaufnahme der Betriebsorganisation und Prozessoptimierung von Trigema zu jenem Zeitpunkt, offenbarte aber darüber hinaus auch das unternehmenspolitische Credo des Schwaben.

»Wenn Prestige eine zu große Rolle spielt« lautete der Titel seiner Ausführungen. Schon in den einleitenden Sätzen stellte Grupp klar, dass er es für einen Fehler halte, die Geschäftsleitung mittelständischer Unternehmen in mehrere Hände zu legen. Dies sei häufig aus Prestigedenken auf der Inhaberseite der Fall und hemme die Flexibilität der Firmen bei Marktverschiebungen und Krisen. Habe dagegen nur einer das Sagen, sei die für entscheidende Weichenstellungen nötige Reaktionsschnelligkeit gesichert.

Wie Ende 1975 auf der Bilanzpressekonferenz in Stuttgart präsentierte Wolfgang Grupp seine Grundsätze, allerdings in verschlankter Form. Der Menschenwürde und Freiheit am Arbeitsplatz betreffende fünfte Punkt fehlte. Vielleicht war dem wertkonservativen Verfasser aufgegangen, dass dies denn doch zu sehr nach sozialromantischer Arbeitgeberethik klang. Gleichwohl machte Grupp deutlich, dass er vom üblichen Standesdenken und Gebaren der Chefs herzlich wenig hielt. Er schilderte im Detail, wie er persönlich im Großraumbüro der Verwaltung an den Platz seiner Leute ging, um dort die anliegenden Arbeiten zu erörtern. Schließlich sei es praktischer, mit dem Werbeleiter an dessen Schreibtisch zu sprechen, als wenn dieser sämtliche Unterlagen zum Vorgesetzten mitnehmen müsse.

Abbau der Unternehmenshierarchie, Teamarbeit und vor allem Vereinfachung der Abläufe standen für den modern denkenden Grupp ganz oben. Beispielsweise drängte er darauf, die externe Kommunikation in verstärktem Maße per Telefon abzuwickeln, um damit schneller zu sein und weniger Arbeitskraft durch Briefdiktat, Schreibarbeit und Ablage zu binden. Infolgedessen hatte bereits jeder fünfte Arbeitsplatz in der Verwaltung eingespart werden können. Grupp vertrat in seinem *FAZ*-Artikel die Ansicht, wesentlich für den Fortbestand seines Unternehmens sei ein guter und zufriedener Stamm an Mitarbeitern. Das bezog er explizit auf die in seiner Branche gängige Praxis der Produktionsverlagerung: »Wenn es heute vielfach darum geht, Arbeitskräfte abzubauen, weil sie angeblich zu teuer sind und eventuell im Ausland billigere Arbeitskräfte zu haben sind, so ist die Frage, ob diese Einstellung die richtige ist.« Bei Trigema werde versucht, die Leute an den für sie bestgeeigneten Arbeitsplatz zu setzen und ihnen Verantwortung zu übertragen, dann aber auch hohe Leistung von ihnen zu erwarten.

»Was nützt ein Großauftrag, der zwar optisch viel Umsatz bringt, aber zu Verlust führt?« Mit dieser rhetorischen Frage begründete Grupp seinen kategorischen Imperativ der Renditeorientierung: Viel wichtiger als Umsatzzahlen sei »das Verhältnis täglicher oder wöchentlicher Zahlungseingang und -ausgang«. Da überzogene Preisnachlässe mit ihren dubiosen Umsätzen die Rentabilität schädigten, hatte Grupp für seine Waren strikte Mindestpreise festgelegt. Bei technischen Investitionen wurde nicht gekleckert, sondern geklotzt – und umgehend und ausschließlich mit eigenem Geld bezahlt. Kredite gab es demnach nicht, und die Lieferanten gewährten zumeist attraktive Rabatte. Das hielt Grupp für ein ideales, »revolvierendes System«, denn es entstand keine Zinsbelastung, der Einkauf war günstiger, und die modernisierte Produktion arbeitete durchgängig effizienter. Damit wiederum hatte man das Geld für künftige Optimierungen in der Kasse.

Eine weitere Eigenwilligkeit: Wolfgang Grupp erklärte, er wolle tiefen Einblick in alle Arbeitsbereiche behalten. Daher delegierte er auch so gut wie nichts. Beispielsweise führte er selbst die wichtigen Verkaufsgespräche und entschied persönlich, was genäht werden sollte. Ganz unverblümt verkündete der Diplomkaufmann: »Bei uns bestimme ich selbst die Kollektion.« Ihm kam es darauf an, in der aktuell gefragten Modepalette die Artikel zu finden, die sich in seinem Betrieb rationell in großer Stückzahl herstellen ließen. Dabei sollten möglichst wenige Zulieferer einbezogen sein, um die Abhängigkeit der Produktion von externen Faktoren zu minimieren. Damit bei besonderer Nachfrage die Produktion erhöht werden konnte, verlangte er von den Arbeitskräften die Bereitschaft zu Überstunden. Als Gegenleistung für das von seinen Leuten eingeforderte kontinuierliche Engagement versprach er ihnen den Erhalt ihrer Stellen.

Diese 1976 in dem langen Artikel geäußerten Prinzipien der innerbetrieblichen Organisation haben bis heute Bestand. Sie gehören zum Kern des Geschäftsmodells von Trigema. Offenkundig hatte Wolfgang Grupp die Firma innerhalb weniger Jahre nach seinen Plänen reorganisiert. Die Hierarchie war flacher geworden, auch durch das Ausscheiden von Führungskräften. Alle Fäden liefen beim jungen Chef zusammen, der im Großraumbüro der Verwaltung nahezu sämtliche Beschäftigte im Blick und in Rufweite hatte. Er traf die wesentlichen Entscheidungen und strebte nach größtmöglicher Autarkie der Firma. Als Quintessenz des Ganzen postulierte er firmenintern wie extern, es sei dank seines Konzepts möglich, dauerhaft profitabel in Deutschland zu produzieren. Damit stand Trigema gegen den Trend der Zeit.

Auf seine wichtigsten Kunden Mitte der siebziger Jahre allerdings konnte Grupp keinen Einfluss nehmen: die Versandhäuser und Einzelhandelskonzerne. Sie drückten mit Erfolg die Einkaufspreise in der Textilbranche. Schließlich hatten sie die Möglichkeit, ihre Ware von ausländischen Herstellern zu ordern oder von deutschen Firmen, die preisgünstig im Ausland nähen ließen. Dabei wuchs eine existenzielle Bedrohung für Trigema und die vielen anderen Firmen, die ihre Hauptproduktion noch in der Bundesrepublik beibehielten. Wolfgang Grupp gab sich überzeugt, dass ein Textilunternehmen auch in Deutschland krisenfest sei, wenn es mit größtmöglicher Flexibilität marktgerecht und kundenorientiert arbeite. Dies war der Maßstab, den er 1975/76 als alleiniger geschäftsführender Gesellschafter von Trigema definierte. – Und der gilt auch heute noch.

Familie

Von Kindesbeinen an erlebte Wolfgang Grupp die von seinem Großvater geleitete Firma aus nächster Nähe, denn er wohnte mit seinen Eltern und Geschwistern gegenüber der Fabrik an der Burladinger Hauptstraße. Auf die Nachkriegsdemontagen und die Einquartierung französischer Offiziere im eigenen Haus war schon gegen Ende der vierziger Jahre der Wiederaufbau zügig gefolgt. Die Produktivität der Firma stieg parallel zum wachsenden Wohlstand der fünfziger Jahre. Josef Mayer war wieder wer und konnte sich als erfolgreicher Unternehmer so manche Extravaganzen leisten. In dieser guten Phase wurde 1954 bei Grupps der zweite Sohn, Johannes, geboren. Wolfgangs Burladinger Kindheit endete, als er die Volksschule hinter sich hatte: Die Eltern beschlossen, seine Schwester Birgitte in die Obhut des Mädcheninternats Kloster Wald und ihn selbst nach St. Blasien zu geben.

Vom ersten bis zum letzten Tag habe er Heimweh gehabt, erinnert sich der Unternehmer heute. Die Erziehung an dem im Südschwarzwald zweieinhalb Autostunden von daheim entfernt gelegenen katholischen Internat war streng: Den Tagesablauf schrieb eine strikte Hausordnung vor. Sechsmal in der Woche mussten die Schüler den morgendlichen Got-

Er ist wieder wer: der arrivierte Textilfabrikant Josef Mayer (1950).

Abschied: Birgitte Grupp herzt ihren Bruder vor der Abfahrt nach St. Blasien (1953).

tesdienst besuchen. Wer sich danebenbenahm, wurde selbstverständlich körperlich gezüchtigt, wie zuvor schon in der Volksschule. Ungeachtet der Härte, der verordneten Religiosität und des Heimwehs schätzte der Burladinger Unternehmersohn seine Schule. Es war zwar seine schlimmste Zeit, aber er lernte dort, sich unterzuordnen, sich anzupassen, um Freunde zu gewinnen, und auch sich durchzusetzen, um nicht unterzugehen. Er ist davon überzeugt, dass er dank des Drucks des leistungsorientierten Unterrichts und der eigenen Gesetze des Internats zu einem frühen Zeitpunkt Disziplin und Selbstverantwortlichkeit entwickelte. Davon habe er in seinem späteren Leben ungemein profitiert.

1956 starb Josef Mayer. Mit ihm verlor Wolfgang den geliebten Großvater, zu dem er stets aufgeblickt hatte. Bei seinem Vater war das anders. Er schätzte ihn als stattlichen Mann, als Vorbild in vielem, doch er nahm sich nicht immer genügend Zeit für die Familie. So erinnert sich Wolfgang Grupp daran, dass in seiner Kindheit beim Mittagessen nicht gesprochen werden durfte, da der Herr des Hauses stets eine seiner fünf Zeitungen las und gleichzeitig Radionachrichten hörte. Die Mutter verlieh der Atmosphäre im Elternhaus Herzlichkeit und Wärme, von Seiten des Vaters gab es das nur zu gewissen Zeiten. Dass die Eltern den Jungen in dem karg ausgestatteten Internat an Wochenenden gelegentlich besuchten und mit schmucker Kleidung und Geschenken bedachten, war zwar schön, doch die Sehnsucht nach familiärer Geborgenheit blieb ungestillt. Seine emotionalen Bedürfnisse wurden nicht erfüllt. Einfach war die Jugend des Sohnes aus betuchtem Hause daher nicht.

Seit seinem elften Lebensjahr kam Wolfgang Grupp nur noch zeitweise, vor allem in den Ferien, ins Burladinger Elternhaus. Auch seine Großmutter und die in der Umgebung lebende Verwandtschaft sah er nur selten. Wenn sich die Gelegenheit bot, ging der Junior in die Firma, besuchte die Büros und die Produktion, wie er es von klein auf gewohnt war. Er mochte die betriebsame Atmosphäre und war auch mit einer Reihe von Angestellten und Arbeitern vertraut. Rückte die Belegschaft in den frühen Jahren der wiederbelebten Firma zu Betriebsausflügen aus, zum Beispiel nach

Gesellige Nähe: Betriebsausflüge der Inhaberfamilie und der Mitarbeiter gehörten in den fünfziger Jahren zum festen Repertoire.

Heidelberg und an den Bodensee, nahmen Franz und Änne Grupp ihre Kinder mit. Dadurch bestand schon seit den fünfziger Jahren ein direkter Bezug zwischen dem ältesten Sohn des Hauses und dem Unternehmen. Als er 1961 zum Studium der Betriebswirtschaft nach Köln zog, wurden die Kontakte zwangsläufig seltener, aber doch weiterhin von ihm gepflegt.

Mit der Zeit stand Wolfgang Grupp der Firma näher als dem eigenen Vater. Dessen uneinsichtige und herrische Art sollte ihn noch zu Beginn der siebziger Jahre derart stören, dass er es mehr als einmal vermied, Weihnachten zu Hause zu verbringen. Das Schlimme daran war, dass sich der junge Unternehmer nach familiärer Geborgenheit und Gemeinschaft sehnte. Entsprechend wuchs der Vorsatz, es eines Tages mit einer eigenen Familie besser zu machen.

Infolge seiner Tätigkeit als geschäftsführender Gesellschafter von Trigema verdiente Wolfgang Grupp jährlich an die fünfhunderttausend Mark. Er wohnte zu dieser Zeit noch im Haus seiner Großmutter Katharina. Nachdem die Witwe des Unternehmensgründers 1978 verstorben war, ließ er ihr an der Hauptstraße gegenüber der Firmenzentrale gelegenes Haus abreißen, denn er wollte es durch einen Neubau nach eigenem Geschmack ersetzen. Während eines Urlaubs in Kampen auf Sylt hatte er sein Faible für Reetdachhäuser entdeckt, und so beauftragte er seinen Burladinger Architekten, eine Reetdachvilla zu entwerfen, die allerdings im Innern durch weiße Wände und helle Hölzer einen süddeutschen Charakter erhalten sollte. Manche Häuser reicher Leute werden in einer kühl reduzierten Form und Ausstattung errichtet, dazu angetan, dem Bauherrn eine Aura zu verschaffen, die Intellektualität und ästhetisches Empfinden

Vom Sylter Stil inspiriert: die Reetdachvilla der Familie Grupp auf der Schwäbischen Alb.

suggeriert. So etwas wäre nie die Sache Wolfgang Grupps gewesen. Nicht ein begehbares Kunstwerk, sondern Wohnlichkeit und Wärme wollte er! Er behielt dabei alles im Blick. Bis hin zur Auswahl der Vorhänge achtete er persönlich auf die Details, obgleich die Gestaltung in der Hand eines Innenarchitekten lag.

Als die Villa 1982 von dem vierzigjährigen Junggesellen bezogen und festlich eingeweiht wurde, fielen so manche bemerkenswerte Ausstattungselemente ins Auge: Nicht nur ein schmaler Außenpool mit einer Länge von 45 Metern beeindruckte, sondern auch ein »Rittersaal« unterm Dach. Hinzu kam eine Hauskapelle mit einem Altarbild, das Johannes den Täufer zeigt, die Einlösung eines Schwurs aus seiner Internatszeit, in der er einen starken Halt im Gebet gefunden und sich vorgenommen hatte, aus Dankbarkeit und Demut eines Tages eine eigene Kapelle zu errichten. Weiterhin wies das von drei Angestellten versorgte Anwesen praktische Einrichtungen auf, die zu einem großen Haushalt passten. Dazu gehörte etwa das große Bügelzimmer. Dass es sogar ein voll ausgestattetes Damenschlafzimmer mit eigenem Bad und mehreren Kinderzimmern gab, löste bei Familienangehörigen und Freunden nicht geringe Verwunderung aus. Sogar eine Kinderbadewanne hatte der Bauherr einbauen lassen. Es stand demnach alles bereit für die Frau seines Herzens. Nur woher sie kommen würde, war unklar, denn bislang hatte man an der Seite des charmanten Wolfgang Grupp lediglich einige Freundinnen gesehen, aber keine ernsthafte Aspirantin oder gar Verlobte. Auch wenn ihn die Regenbogenpresse schon einmal zu einem der begehrtesten Junggesellen Deutschlands hochstilisierte, fehlte von der Frau seiner Träume über Jahre jede Spur. Somit gehört der familiengerechte Hausbau zu den Eigentümlichkeiten seines Lebens. Einerseits sprach die detailversessene Planung für eine konsequente Zielrichtung, andererseits war auch die mit dem Fehlen einer eigenen Familie einhergehende Einsamkeit des einzigen Bewohners in drastischer Form zur Schau gestellt. Sie sollte Jahre andauern.

Als ambitionierter Jäger ging der Unternehmer 1986 in der kargen Obersteiermark auf Auerhahnjagd. Sein Freund Franz Burda, der badische Verleger, Sohn des gleichnamigen Verlagsgründers, hatte ihm das dortige Revier empfohlen. Während der Jagd stattete der Vierundvierzigjährige auch Baron von Holleuffer einen Besuch ab, dessen Sammlung stattlicher Jagdtrophäen man ihm ans Herz gelegt hatte. Hier traf der

Schwabe auf die junge Tochter des Barons, die gerade mit dem Medizinstudium in Graz begonnen hatte. Fortan konnte er die jugendliche Schönheit namens Elisabeth nicht mehr vergessen. Und seine Zuneigung zu der Frau, bei der offenbar alles in sein Weltbild passte, wurde von ihr erwidert. Welch ein Glück, denn nun konnte sein lange Jahre gehegter Wunsch, eine eigene Familie zu gründen, dank der adligen Österreicherin endlich Wirklichkeit werden. Elisabeth von Holleuffer liebte den eleganten Mann, und es störte sie nicht, dass er mehr als doppelt so alt war. Sie fühlte sich frei in ihrer Entscheidung für ihn und nahm seinen Heiratsantrag an.

Im Juni 1988, just an Elisabeths zweiundzwanzigstem Geburtstag, schritt das Brautpaar in Burladingen zur Trauung. Neben den Eltern und Geschwistern des Bräutigams und der Familie der Braut, Baron Hans-Lothar von Holleuffer und seiner Frau Sigrid, feierten mehrere hundert Gäste die mit höchster Akribie vorbereitete Hochzeit. Für die Kleinstadt im Fehlatal war sie aufgrund der geradezu herrschaftlichen Inszenierung ein aufsehenerregendes Fest. So fuhr das Paar im weißen Vierspänner von der Villa zum Standesamt, während Orchestermusiker, Chöre, Jagdhornbläser und sogar Karel Gott für die musikalische Umrahmung sorgten. Das Paar wurde in der Privatkapelle getraut. Ein österreichischer und ein deutscher Geistlicher waren zugegen: Der eine hatte zweiundzwanzig Jahre zuvor Elisabeth getauft, der andere kam aus Missen im Allgäu, wo der Unternehmer sein Jagdhaus besitzt und den Priester beim sonntäglichen Kirchgang schätzen gelernt hatte. Als einer der Trauzeugen begleitete Franz Burda die Verlobten zum Altar, denn er war es ja gewesen, der Wolfgang Grupp zwei Jahre zuvor nach Österreich auf die Auerhahnjagd geschickt hatte, wo er seine

Hochzeit am zweiundzwanzigsten Geburtstag der Braut: Elisabeth von Holleuffer ...

Liebe fand. Daher richtete der Bräutigam in seiner Ansprache besondere Dankesworte an seinen langjährigen Vertrauten.

… und der sechsundvierzigjährige Wolfgang Grupp in Burladingen (1988).

Wolfgang Grupp genoss den großen, vom Regionalfernsehen und von der Presse gebührend begleiteten Auftritt, vor allem weil für ihn in der Heirat eine wahrhafte Erfüllung lag.

Als er die Gäste der Hochzeitssoiree und seine Frau ansprach, scheute er sich nicht, Einblick in seine innerste Gemütsverfassung zu geben. Elisabeth habe ihn mit ihrer Entscheidung »aus dem Dunkel« seines Lebens geholt. Viele hätten sein Dasein für glücklich und glanzvoll gehalten, doch das sei es nicht gewesen: »Ich hatte Träume, doch sie waren so fern der Wirklichkeit. Ich hatte Erfolg, doch niemand, der ihn mit mir teilte, Freude, doch niemand, der sich mit mir freute, Einsamkeit, doch niemand, der sie mir nahm, Sehnsucht nach Liebe, doch niemand, der sie mir schenken wollte.« Auch seine achtundsechzigjährige Mutter Änne erinnerte er vor der Festgesellschaft daran, wie schwierig es gewesen sei, eine ihr genehme »richtige Schwiegertochter« zu finden. Elisabeth hätten seine Eltern aber von Beginn an ins Herz geschlossen.

Opulent geriet die Feier in der Villa und einem im Garten errichteten Festzelt, bei der »ein Aufmarsch der großen Limousinen mit dem Stern aus ganz Deutschland, aus Österreich, Liechtenstein und der Schweiz« stattfand, wie die Lokalpresse schrieb. Um das leibliche Wohl der mehr als tausend Gäste kümmerte sich in Burladingen wieder einmal der Münchener Caterer Feinkost Käfer. Während der zweitägigen Feier erschien der Bräutigam abwechselnd in Frack, Smoking und Trachtenjanker, die Braut in weißer Spitze, Seide, Abend- und Sommerkleid. Den Abschluss bildete ein Fest mit der gesamten Trigema-Belegschaft, die ihren Chef und seine junge Gemahlin ausgelassen hochleben ließ. Grupp revanchierte sich nach dem Dank für den bereits neunzehn Jahre gemeinsam beschrittenen Weg mit dem Versprechen, fortan mit seiner Frau alles zu tun, was seine Aufgabe verlange. Er sprach seine Überzeugung aus, dass er und die Mitarbeiter auch in Zukunft mit Stolz auf das Unternehmen blicken könnten. Hier war er wieder sichtbar, der Maßstab, den Wolfgang Grupp über ein Jahrzehnt zuvor formuliert hatte. Er wollte wie bisher an seinen Prinzipien und den Fabriken in Schwaben festhalten, um die Hoffnungen seiner »Betriebsfamilie« nicht zu enttäuschen. Dank des endlich gefundenen persönlichen Glücks sah er sich gestärkt für das, was kommen würde.

Nach der Hochzeit kam die Rechnung – von Feinkost Käfer, in dessen Hand auch die Dekoration und die Aufstellung des Festzelts gelegen hatte. Sie fiel gesalzen aus und berücksichtigte nahezu keine der von Grupp bereits während der zweiwöchigen Festvorbereitungen, aber auch danach vorgebrachten Reklamationen. Der Schwabe Grupp begann genau hinzusehen und stolperte über manchen Einzelposten, der ihm nicht plausibel erschien. In Rechnung gestellte Transporte waren mit Trigema-LKW durchgeführt worden, am Morgen nach der Hochzeit hatte ein Regen das gesamte Festzelt überflutet, sodass zahlreiche Teilnehmer regelrecht flüchten mussten, und Grupp konnte sich beim besten Willen nicht vorstellen, dass sich seine Gäste derart großzügig bedient hatten. Also weigerte er sich strikt, die Rechnung zu begleichen. Stattdessen kommentierte er die Einzelposten der Rechnung und eruierte gar, wie viele Canapés der Einzelne gegessen haben konnte. Freunde des Hauses schlugen die Hände über dem Kopf zusammen, andere amüsierte der ungewöhnliche Vorgang: »Der Wolfgang« kannte offenbar keine Hemmungen. Käfer erschien nicht zu einem klärenden Gespräch und insistierte, woraufhin die Presse von der Sache Wind bekam. Die *Hohenzollerische Zeitung* und auch die Stuttgarter Ausgabe der *Bild* berichteten vom kuriosen »Schnittchenstreit«, der sogar vor Gericht ausgetragen wurde.

Durch zwei Instanzen ging das Verfahren, bis ein außergerichtlicher Vergleich geschlossen wurde. Grupp konnte den Rechnungsbetrag erheblich kürzen. Die freundschaftliche Beziehung zu Gerd Käfer beeinträchtigte das nicht wirklich; man war nur eine Zeitlang wegen der Auseinandersetzung verschnupft.

Elisabeth Grupp hatte wegen ihres Mannes das »grüne Herz Österreichs« verlassen und war auf die oft als rau bezeichnete Schwäbische Alb gezogen. In der Burladinger Villa änderte sie nichts an der Ausstattung. Sie passte sich ein in die Welt, die ihr Ehemann geformt und geprägt hatte. Die junge Frau wollte allerdings aktiv in der Firma mitwirken, die gerade in einer besonders kritischen Phase steckte: Seit Beginn der achtziger Jahre waren Trigema-Textilien bei Aldi-Nord im Angebot. 1987 aber wollte der Discounter eine entscheidende Änderung: Die Ware sollte nicht mehr als Trigema-Produkt, sondern unter dem Namen einer neu geschaffenen Eigenmarke verkauft werden. Dabei wurden Grupp bis zu 40 Prozent Preisnachlass abverlangt. Dieses Diktat hätte die Herstellung unrentabel gemacht. Daher sperrte sich Trigema – und verlor von einem Tag auf den anderen einen Umsatz von 25 Millionen Mark. Wenig später ging auch Aldi-Süd als Kunde verloren, wobei der ausschlaggebende Grund eine um wenige Tage verzögerte Lieferung war. Allerdings machte der Umsatz nur ein Fünftel von Aldi-Nord aus.

Dieser doppelte Verlust war der heftigste Schlag ins Kontor, seitdem Wolfgang Grupp die Firma leitete, aber beileibe nicht der erste Einbruch, der überstanden werden musste. In den siebziger Jahren hatte Trigema die großen Versandhäuser und Kaufhauskonzerne mit Wäsche beliefert, bis sie die zu günstigeren Stückkosten im Ausland gefertigten Produkte zu bevorzugen begannen und damit sukzessive die deutschen Hersteller in Bedrängnis brachten. Da der standorttreue Betrieb Trigema seine Preise nicht senken konnte, ging diese Kundengruppe unweigerlich verloren. Daraufhin hatte der Inhaber die unter Markenherstellern bislang verpönten SB- und Verbrauchermärkte wie Metro für seine Ware gewinnen können. Doch auch diese Geschäftsbeziehungen hatten wegen der bald einsetzenden Preisdrückerpolitik nicht lange Bestand. Wer sich wie Grupp bei Verhandlungen mit Metro in Düsseldorf weigerte, ein paar Prozente nachzugeben, flog aus dem Geschäft. Als sich Ende der achtziger Jahre die umsatzträchtige Verbindung mit Aldi in Luft auflöste, gab es keine anderen großen Kunden mehr, die Trigema als Abnehmer hätte gewinnen können.

Notgedrungen suchte der Unternehmer den Ausfall seines wichtigsten Vertriebsweges dadurch zu mindern, dass er selbst Läden eröffnete, in denen ausschließlich Trigema-Ware zum Händlereinkaufspreis angeboten wurde. Das war ein störender Eingriff in das Geschäft des Textileinzelhandels, doch Grupp setzte trotzdem auf diese Karte. Schließlich stand sein zu dieser Zeit eintausendachtzehn Mitarbeiter beschäftigendes Unternehmen mit dem Rücken zur Wand. Die eigenen Läden wurden »Testgeschäfte« genannt. Sie sollten sich damit von den »Factory Outlets« unterscheiden, in denen üblicherweise große Mengen Restposten zu Niedrigpreisen ihren Absatz finden. Das wachsende Feld der Testgeschäfte, die anfangs ausschließlich im Südwesten und bei Köln eingerichtet wurden, nahm Elisabeth Grupp in die Hand, sodass sich oft das Personal um ihre 1989 und 1991 geborenen Kinder kümmern musste.

Die Tochter wurde – ein Vorschlag des Vaters – auf den Namen Bonita getauft. Der anderthalb Jahre jüngere Sohn erhielt, eher auf Wunsch seiner Mutter, den Namen Wolfgang. In der Villa wurde die Familie von zwei Hausdamen und einem englischen Butler umsorgt. Auf dem fünfundzwanzigtausend Quadratmeter großen Grundstück arbeiteten Gärtner, während den stattlichen Fuhrpark ein Garagenmeister betreute. Für die Mobilität stand ein Chauffeur und ab 1995 auch der Privathubschrauber mit fest angestelltem Piloten zur Verfügung. Dieser Aufwand ging nicht auf Elisabeth Grupps Initiative, sondern auf die ihres Mannes zurück. Wenn er sich etwas leistete, dann wollte er das Beste, das Herausragende. Diesem Anspruch folgend wurde das Leben der Familie gestaltet.

Die Eltern kümmerten sich umfassend um die Erziehung ihres Nachwuchses, wobei sie ganz bewusst auf den Kindergarten verzichteten. Stattdessen widmete sich die Mutter neben der Tätigkeit in der Firma der frühkindlichen Förderung von Kreativität, indem sie mit Bonita und Wolfgang junior viel spielte, sie zum Malen anhielt und ihnen vorlas. Der Vater hatte seine helle Freude daran, die Kindheit seiner Sprösslinge aktiv mitzuerleben. Da er ein Faible für technisch ausgefallene Dinge hatte, schenkte er seinem Sohn zum vierten Geburtstag ein »Porsche-Cabrio«-Kinderauto, das einen echten Motor sowie eine Dreigangschaltung aufwies. Fortan erlebte die Nachbarschaft das bemerkenswerte Schauspiel, dass abwechselnd der Sohn oder die Tochter der Grupps am Steuer des Fahrzeugs saß, während der Papa rittlings auf der Heckklappe mitfuhr und lauthals nach links oder rechts dirigierte, bis er bei gelegentlichen Vollbremsungen herunterfiel. Den Junior freut noch heute die Erinnerung an seinen ersten

Porsche, auf dem er schon im Kindesalter Autofahren lernte, wobei er sich die Anerkennung der Freunde und natürlich auch seines Vaters erwarb.

Der warf sich in der Vorweihnachtszeit persönlich ins Kostüm des heiligen Nikolaus, da ihm im Jahr zuvor der Auftritt eines eigens engagierten Gabenbringers überhaupt nicht gefallen hatte. Bonita und Wolfgang junior verstanden mit der Zeit, dass ihr Vater in die Rolle schlüpfte, doch sie ließen sich nichts anmerken, da sie auch ihm den Spaß gönnten.

Wolfgang Grupp sagt, er sei ein Familienmensch. Eigentümlich wirkt in dem Zusammenhang, dass er seine beiden Kinder nicht auf einem heimischen Gymnasium beließ, sondern sie nach der Jahrtausendwende auf ein Schweizer Internat schickte. Hatte er nicht selbst als Internatsschüler jahrelang Heimweh verspürt und sich nach einem warmherzigen Elternhaus gesehnt? Warum nahm er nun einen ähnlichen Einschnitt vor? In den fünfziger Jahren hatte Grupp, wie erwähnt, Französisch, Latein und Altgriechisch, aber kein Englisch gelernt. Das sollte bei seinen Kindern anders werden. Daher, so meinte er, müssten sie so früh wie möglich auf ein englisches Internat gehen. Seinen Erkundigungen zufolge standen diese Schulen, im Gegensatz etwa zum nahegelegenen Salem, in dem Ruf, streng in den Formen und damit der Selbstdisziplin förderlich zu sein. Allerdings behagte Elisabeth und Wolfgang Grupp der Gedanke nicht, dass ihre beiden fast gleichaltrigen Kinder in England nicht ein gemeinsames Internat besuchen konnten, da dort nach Geschlechtern getrennt wird. Hinzu kam die Entfernung. Bei der Suche nach einer passenden Schule konsultierten sie den Münchener Internatsberater Tumulka. Er empfahl dem Ehepaar aus

Schwaben das von einem englischen Geistlichen geleitete, religiös ausgerichtete Aiglon.

Für den Besuch dieses Internats – es gehört zu den teuersten Europas – wird noch mehr Geld fällig als in Salem am Bodensee oder auf dem Rosenberg bei St. Gallen. Daher hat jeder, der auf diese Schule geht, eine betuchte Familie. Daraus ergab sich ein Unterschied zu Burladingen, wo die Grupp'schen Kinder dadurch auffielen, dass sie gelegentlich vom Chauffeur zum Unterricht gefahren wurden. In dieser Hinsicht wurden Bonita und Wolfgang junior in dem Schweizer Internat zu »normalen« Schülern. Ihre Sehnsucht nach dem Elternhaus war in der ersten Zeit beträchtlich, da sie – im Alter von elf und zehn Jahren – nur über rudimentäre englische Sprachkenntnisse verfügten. Die Atmosphäre in dem in einer splendiden Bergwelt liegenden Internat ist in hohem Maße von der internationalen Schülerschaft geprägt. Kinder und Jugendliche aus über fünfzig Nationen, darunter Christen, Moslems, Juden und Buddhisten, lernen gemeinsam und sprechen ausschließlich Englisch miteinander. Ihre Gottesdienste gestalten sie selbst, was die Messen zu einer Mixtur aus verschiedensten Elementen der Weltreligionen werden lässt. Die dadurch geförderte gegenseitige Achtung und Toleranz erscheint Elisabeth Grupp als ein wesentlicher Baustein für die persönliche Entwicklung. Sie möchte, dass ihre Kinder fit gemacht werden für eine Zukunft, deren Herausforderungen heute noch nicht genau erkennbar sind. Die kommende Generation soll global orientiert und ausgebildet sein, aber für das Familienunternehmen denken und handeln können. Das ist das Ziel, das mit der Entscheidung für das Internat angesteuert wurde, auch wenn sie den Eltern geradezu das Herz zerriss, von den Kindern ganz zu schweigen.

Bonita Grupp verbrachte sieben Jahre in Aiglon, ihr Bruder ein Jahr mehr. An den Geburtstagen und zu weiteren Anlässen besuchten die Eltern ihre Kinder. Überdies holten sie die beiden immer zu Ferienbeginn ab und brachten sie wieder zum Unterrichtsbeginn ins Internat zurück. Auch darüber wurde die innige Verbindung zwischen ihnen gepflegt. Elisabeth Grupp ist der Überzeugung, man sei in einem Internat verloren, wenn das Elternhaus nicht Rückhalt gebe. Dieses müsse trotz der räumlichen Distanz das Heim, der Bezugspunkt und der Rückzugsort des Kindes sein, denn an sich sei die Internatswelt in emotionaler Hinsicht voller Härte. Wer da kein Schutz und Sicherheit bietendes intaktes Elternhaus habe, sei verloren. Wolfgang Grupp junior wurde zum Schulsprecher gewählt. Dass er in dieser Funktion die Abschlussrede seines Jahrgangs in bestem Englisch hielt, erfüllte die Eltern mit besonderem Stolz.

Im Verlauf der Kindheit erlebten die jungen Grupps ihren Vater als verspielt, einfallsreich und vor allem prinzipientreu. Er hatte sehr prägnante Ansichten und Vorstellungen, aber Bonita und Wolfgang lernten, dass sie mit ihm über alles diskutieren konnten. Wenn sie gute Gründe vorbrachten, habe er sich anpassungsfähig und verständnisvoll gezeigt. Heute schätzen die Geschwister an ihrem mehr als siebenundvierzig Jahre älteren Vater zwei Dinge besonders: Zum einen wissen sie, dass er trotz seiner geschäftlichen Belastung immer Zeit hat, wenn sie danach fragen. Zum anderen zollen sie seinem festgefügten Wertesystem Respekt, das ihnen bei ihrer persönlichen Entwicklung sehr geholfen habe. Wolfgang junior erklärt, die vom Vater vermittelten Werte ließen ihn vieles schätzen, was er sonst als junger Mensch vielleicht nicht berücksichtigt hätte. Und Bonita hebt hervor, wie wichtig ihr die darauf basierende Orientierung sei.

Wolfgang Grupp widmet seiner Frau und den Kindern, sofern die beiden mittlerweile in London Studierenden daheim sind, weitaus mehr Aufmerksamkeit und Zeit, als er selbst es von seinem eigenen Vater gewohnt gewesen war. Ihm ist es wichtig, dazu beizutragen, dass in seiner Familie ein herzliches Verhältnis untereinander herrscht. Wenn er morgens gemeinsam mit seiner Frau frühstückt, lesen beide dennoch Zeitung. Er bevorzugt die *Hohenzollerische Zeitung*, sie den *Schwarzwälder Boten*. Die *FAZ* hat er vor Jahren abbestellt, als sie mit Verweis auf Anzeigenrückgänge den Abonnementspreis erhöhte. Das empfand der Unternehmer als Dreistigkeit, denn seiner Einschätzung nach hatte die Anzeigenabteilung der Zeitung schlechte Arbeit geleistet, mit deren schlechten Ergebnissen nun die Kunden belastet wurden. »Ich bin Schwabe«, sagt er dazu im Brustton der Überzeugung, ein sparsamer Mensch also, der lieber auf das verteuerte Blatt verzichtet, als mehr zu zahlen. Ihm genügen somit die regionalen Zeitungen und der bayerische Nachrichtensender B5.

Auch ein Bücherfreund war und ist Wolfgang Grupp beileibe nicht. Muße zum Lesen findet er selten, so etwa auf dem Hochsitz bei der Jagd. Lässt sich über Stunden kein Wild blicken, blättert er in unterhaltsamer Lektüre oder lieber noch in den Dispositionslisten von Trigema, um sich über die Produktion der kommenden Woche Gedanken zu machen. Er hat es sich zur Pflicht gemacht, alle Mengenvorgaben für die einzelnen Produktionsstufen des Betriebes persönlich festzulegen. Sein dabei verfolgtes Dogma ist die Vollauslastung, die zwangsläufig mit wirtschaftlichen Risiken verbunden ist. Daher will er allein entscheiden, wie viele Stoffe in welcher Farbe und wie viele Artikel in welcher Größe zu produzieren sind und im Lager landen.

Eine der Großmütter von Elisabeth Grupp war eine geborene von Helldorf. Dieser Name hat in der Geschichte des Dritten Reiches einen besonderen Klang. Die einen ordnen ihn dem Widerstand gegen Hitler zu. Andere wiederum platzieren ihn im Nationalsozialismus. Beide Seiten haben recht, denn der Nazi Wolf-Heinrich Graf von Helldorf wurde einen Monat nach dem gescheiterten Attentat vom 20. Juli 1944 hingerichtet. Der langjährige Weggefährte von Joseph Goebbels, als SA-Aktivist entscheidend daran beteiligt, die braune Bewegung in Berlin vor 1933 voranzubringen, war 1944 in die Putschpläne der Offiziere rund um Graf Stauffenberg einbezogen. Stolz zu sein auf diesen Verwandten liegt Elisabeth Grupp fern. Schließlich stand er für nahezu alles, was mit dem Naziterror einherging: Er war Antisemit, bereit zu Gewalt gegen politische Gegner, machtorientiert, geldgierig und korrupt.

Beim Stauffenberg-Attentat zauderte der Graf, der seit 1933 Polizeipräsident von Berlin war, und bezog an dem hochdramatischen Tag nicht erkennbar Position. Trotzdem wurde er bald nach der Niederschlagung des Putsches verhaftet. Für Goebbels, Himmler und Hitler galt er wegen seiner Abkehr als einer der übelsten Verräter, da er aus dem Kreis der alten Nazigarde stammte. Er wurde gehenkt und zählt daher zu den Opfern unter den Akteuren des deutschen Widerstands. Elisabeth Grupp weiß um all das. Sie sieht in dem Großonkel verständlicherweise keine Lichtgestalt, sondern einen Offizier, der zwischen frivoler Lebenslust, Naziwillkür und aristokratischem Widerstand changierte. Ihr Respekt gilt vielmehr ihrer Großmutter Anna-Dorothea von Holleuffer, der Schwester des Grafen, die sich weitaus ehrenwerter verhielt und deren Schicksal nahezu unbekannt ist: Sie lebte während der Hitlerdiktatur eine Zeitlang in Madrid und half einigen deutsch-jüdischen Emigranten bei der Ausreise aus Spanien. Daher stand sie unter Beobachtung der Gestapo.

Nachdem ihr Bruder als Mitverschwörer des 20. Juli inhaftiert worden war, bewirkten die deutschen Sicherheitsdienste, dass Anna-Dorothea von Holleuffer unter einem Vorwand dazu verleitet wurde, aus Spanien auszureisen. Gleich an der spanisch-französischen Grenze wurde die Vierundvierzigjährige verhaftet und ins Moabiter Gefängnis gebracht. Offenbar in der Annahme, sie stehe in Verbindung zu Widerstandskreisen, folterte man die Adlige mit Daumenschrauben und stellte sie vor Gericht. Nach einem kurzen Prozess verhängte Roland Freisler, der Präsident des berüchtigten Volksgerichtshofs, das Todesurteil, doch infolge eines Bombenangriffs wurde das Dokument nicht unterschrieben.

Glücklicherweise gingen die Unterlagen in den Trümmern verloren, sodass die Hinrichtung unterblieb. Stattdessen verbrachte Frau von Holleuffer eine Zeitlang im Konzentrationslager Sachsenhausen und wurde dann ins Gefängnis Brandenburg eingewiesen. Letztlich überlebte die preußisch erzogene Dame ihren zwielichtigen Bruder um vierundvierzig Jahre und erzählte ihrer Enkelin, was sie erlitten hatte. Wenn es in einer Familie Angehörige gibt, die auf solche Viten zurückblicken, dann ist in ihr das historische Bewusstsein stärker ausgeprägt als üblich: Elisabeth Grupp hält sich aufgrund der eigenartigen Entwicklung ihres Großonkels zurück, wenn es darum geht, zwischen überzeugten Nazis und todesmutigen

Widerständlern zu unterscheiden. Was bedeutet es vor dem Hintergrund, dass ihr Schwiegervater, Dr. Franz Grupp, 1942 in die NSDAP eingetreten war? Nichts weiter als ein biographisches Detail, das mehr als acht Millionen Deutsche und Österreicher teilten.

Haltung, Luxus und Allüren

Bereits die Details seiner Kleidung verhindern, dass Wolfgang Grupp Gefahr läuft, in der Masse derer unterzugehen, die sich mittels gediegener Businesskleidung uniformieren. Wer trägt schon zum dunklen Anzug auffällig gestreifte Hemden oder gar Krawatten mit grellen Punkten? Das lässt jene, die ihn nicht näher kennen, darüber rätseln, was für ein Typ er eigentlich ist. Dieses Erscheinungsbild bleibt derart in Erinnerung, dass von Wolfgang Grupp als dem Mann mit der goldenen Krawattenklammer oder dem Herrn mit dem Einstecktuch im Revers gesprochen wird. Tatsächlich hat ihm sein Schneider in das breite Revers des Jacketts ein Täschchen eingesetzt, in die das aus dem Hemdenstoff hergestellte Tüchlein gesteckt werden kann. Solche Akkuratesse verschafft Distinktion. Dadurch erzielt der Unternehmer ein Quäntchen mehr Aufsehen.

Er ist der Botschafter seiner selbst – er ist Trigema! Diese Verschmelzung verdankt er den Werbespots und seiner Auffälligkeit, die durch die bewusst kombinierten Details seiner Kleidung pointiert wird. Offenkundig beherrscht und liebt Wolfgang Grupp die Inszenierung in der Öffentlichkeit. Woher kommt diese bei Unternehmern seltene Bühnenpräsenz, die durch rhetorische Fähigkeiten und den Hang zur provokanten Rede verstärkt wird? Ebenbürtige Charaktere lassen sich da nur schwer finden. Der durch seine Löwenmähne auffallende Aachener »Printenprinz« Hermann Bühlbecker etwa lächelt meist nur an der Seite eines weiblichen Stars oder Sternchens in die Kameras der Fotografen von *Gala* oder *Bunte*. Das reicht aus, um in gewissen Kreisen und der Leserschaft der Society-Blätter Prominenz zu erlangen. Reden schwingen muss und will der Inhaber der Süßwarenfabrik Lambertz gar nicht. Grupp dagegen verfügt in seinem Auftreten über ein viel breiteres Spektrum. Er will nicht nur gesehen werden, er will sich mitteilen. Die Ursprünge liegen in seinem offenkundigen Talent, aber auch in einem Ferienjob aus der Studentenzeit.

1962, in seinem zweiten Semester in Köln, entdeckte Wolfgang Grupp in der Universität einen Aushang, der sein Interesse weckte: Gesucht wurde ein Student, der eine Fremdsprache beherrschte und Interesse daran hatte, im Winter als Conférencier für eine Pelzmodenschau in Schweizer Skiorten zu arbeiten. Der junge Mann sprach zwar nur Französisch, aber er bewarb sich dennoch, nicht ohne zuvor seine Eltern um Erlaubnis gebeten zu haben. Seine Mutter hatte keine Einwände, der Vater hingegen fand die Idee nicht seriös. Er wollte sich seinen Sohn nicht mit Mikrophon auf der Bühne, umgeben von Mannequins im Pelz, vorstellen. Als dann die Zusage eintraf, stimmten die Eltern zu, sodass der Zwanzigjährige seinen ungewöhnlichen Ferienjob antreten konnte. Im Gefolge der Geschäftsführerin des Pelzmodenherstellers tourte Wolfgang Grupp mit professionellen Mannequins durch Arosa, Gstaad, Zermatt, Davos und St. Moritz. Den Job eines Conférenciers in den Sälen splendider Hotels erlernte der Kölner Student anscheinend im Handumdrehen, was er auch seinen Umgangsformen und der Selbstdisziplin zu verdanken hatte. Mittags fuhr er Ski, nachmittags zeigte er sich beim Tanztee als begabter Tänzer, und abends moderierte er die Cour der in Pelze gehüllten Damen. Nachhaltig beeindruckt war der junge Grupp von den verschiedenen Grandhotels, die er dabei kennenlernte.

Als Wolfgang Grupp im folgenden Jahr das erste Mal selbständig in den Winterurlaub fahren wollte, bat er seinen Vater um das aus seiner Sicht notwendige Budget. Als Urlaubsdomizil nannte er wie selbstverständlich den *Zermatterhof* in Zermatt. In dem Nobelhotel am Fuß des Matterhorns zu logieren kostete eine Stange Geld, und der Studiosus hätte natürlich auch weitaus preisgünstiger unterkommen können, doch er wollte partout in das Hotel mit dem vornehmsten Ruf. Nach einigem Hin und Her zeigte sich Franz Grupp spendabel und finanzierte zur Freude des Sohnes den Skiurlaub in den Schweizer Alpen. Der Aufenthalt erforderte eine entsprechende Garderobe, stilvolle Koffer und ein souveränes Auftreten. Wolfgang Grupp erfüllte mühelos die Ansprüche der Etikette und genoss es ein wenig, die Neugierde einiger im *Zermatterhof* gastierender Familien auf sich zu ziehen, denn er war der einzige junge Mann, der bei den Mahlzeiten allein an einem Tisch saß.

Seine Erfahrung aus dem Urlaub in der Schweiz war, dass es sich in jeder Hinsicht lohnte, den teuren Aufwand zu betreiben. Wäre er, wie es viele jüngere Leute machten, in einem der kleineren Hotels untergekommen, hätte er die Chance verpasst, einen Eindruck von Stil und Eleganz zu bekommen. Letztlich meint Wolfgang Grupp, sein Vater habe diese Einsicht in erzieherischer Weise fördern wollen, indem er ihm den Urlaub finanzierte. Noch heute ist der Unternehmer überzeugt, dass das First-Class-Hotel zu höherem Anstand und besserem Benehmen angehalten habe, was seiner persönlichen Entwicklung in dieser Lebensphase zugutegekommen sei.

Überhaupt entsprach dies seinem Wesen. Vier Jahrzehnte später orientierte sich Wolfgang Grupp an seinen Erfahrungen mit der Etikette, als er seinen beiden Kindern Bonita und Wolfgang junior teure Kleidung schneidern ließ. Dadurch, so glaubte er, würden sie sich dann automatisch disziplinierter verhalten. Dass sein Sohn bereits als Zehnjähriger mit einem Maßanzug des Münchener Couturiers Max Dietl ausstaffiert wurde, sollte ihn demnach nicht allein standesgemäß kleiden, sondern auch hinsichtlich des Auftretens schulen. Das klingt nach dem einst geschätzten Sonntagsstaat mit weißem Hemd und goldener Armbanduhr, doch der wesentliche Unterschied ist, dass Wolfgang Grupp hinsichtlich seiner Kleidung jeden Tag zum Sonntag zu machen scheint und das auch an seine Kinder weitergeben will.

Gegenwärtig ist bei vielen Abiturienten und Studenten gediegene Mode hoch im Kurs. Das betrifft nicht etwa nur Labels wie Tommy Hilfiger, Barbour, Ralph Lauren und Strenesse, sondern sogar die wirklich teuren Marken. Mitunter wollen die Töchter und Söhne aus betuchtem Hause Schuhe, Taschen und Kleidung mit exklusivem Image besitzen und somit die Mode von Prada, Hermès und Louis Vuitton, die vermeintlichen Insignien der Happy Few, nicht einfach der Generation ihrer Eltern überlassen. Anfang 2010 sprach die *Süddeutsche Zeitung* von einer »Generation Guttenberg«. Sie meinte damit nicht die karrierebewussten beruflichen Durchstarter, sondern den wachsenden Kreis jun-

Stilvoll die Eltern, piekfein der Nachwuchs: die Grupps im Jahr 2001.

ger Leute, die sich für den alerten Minister Karl-Theodor zu Guttenberg wegen seines Habitus begeisterten: Offenbar sei der Franke als einziges Mitglied der Bundesregierung in der Lage, modische, taillierte Anzüge zu tragen. Ob es wirklich eine Generation gibt, die an dem Politiker ihre Vorliebe zu

Pfingsten 1956: Wolfgang Grupp und seine Eltern im Sonntagsstaat.

Anzug, Seidenkrawatte und Einstecktuch festmacht, die also schon in jungen Jahren einen Hang zu Exklusivität und bürgerlicher Repräsentation entwickelt, wird sich erst zeigen. Doch die Aura des Elitären, die manche Marken zu erzeugen verstehen, scheint tatsächlich an Attraktivität zu gewinnen.

Dies ist nicht nur auf die Mode beschränkt. Ein Indikator dafür mag auch der Anstieg der Studentenzahlen an privaten deutschen Universitäten sein.

Das alles spielt in einer Welt, die Wolfgang Grupp begrüßt: Haltung, Vorbild, Verantwortung und Disziplin möchte er den Sprösslingen vermitteln, sei es durch sein eigenes Verhalten oder etwa die Ordnung, die die häusliche Umgebung ausstrahlt. Regelmäßig betont Wolfgang Grupp, seine zentralen Werte seien unternehmerischer Anstand, kaufmännische Aufrichtigkeit und Fürsorge für die Trigema-Mitarbeiter. Er wolle ihnen ein Vorbild sein, auch an Disziplin. Wer diesen Werten in allen Bereichen des Lebens entspräche, hätte etwas von einem Heiligen. Aber jeder ist fehlbar, auch ein Grupp. Das konnte die Verkehrspolizei feststellen, da der Schwabe die zulässige Höchstgeschwindigkeit mehr als einmal überschritt. Solche Verstöße werden wegen der Prominenz des Temposünders sogar in der Presse vermerkt. So berichtete *Bild* Ende Juni 2007, der geradlinige »Trigema-Boss« könne ganz menschlich sein, denn er habe bei einer nächtlichen Fahrt als »Raser« drei Punkte in Flensburg kassiert.

Medienpräsenz und Marketing

Nach der Übernahme des Familienunternehmens durch Wolfgang Grupp hat es zwanzig Jahre gedauert, bis ihn die Medien als Gesprächspartner entdeckten. Vor der Mitte der neunziger Jahre hatte vornehmlich die Regional- und Wirtschaftspresse über Trigema und seinen standhaften Chef als unkonventionellen Konservativen berichtet. Das fiel meist in nüchterner Art oder belobigend aus, indem etwa vom »Vorzeigeunternehmer« die Rede war. Darunter hatten sich erstmals 1995, anlässlich der Feier des fünfundsiebzigjährigen Firmenjubiläums, ironisch-kritische Töne gemischt, etwa als die *Stuttgarter Zeitung* vom »König von Burladingen« sprach. Der Berichterstatter des stramm konservativen *Schwäbischen Tagblatts* schlug gar einen despektierlichen Ton an und beschrieb die opulente Feier als »Selbstdarstellungs-Show« Wolfgang Grupps: Er sei mit seiner Frau und den beiden Kindern unter Fanfarenklängen »in einer Art von Prozession« ins Festzelt und durch die Tischreihen der Mitarbeiter stolziert. Anschließend habe er in einer »ausschweifenden Rede« versucht, sich als »Idealbild eines väterlichen Geschäftsführers« zu stilisieren.

Dass der Inhaber bei dem Fest vom baden-württembergischen Finanzminister Gerhard Mayer-Vorfelder auf eigenartige Weise als »Star einer sterbenden Branche« gewürdigt wurde, rundete das Bild ab. Der *Tagblatt*-Journalist fühlte sich wie bei Hofe, auch weil die Belegschaft Wolfgang Grupp nach dessen Bekanntgabe eines Jubiläumsbonus für Mitarbeiter und sogar Pensionäre voller Entzücken hochleben ließ. Doch daraus sprach nicht nur die Freude über eine Extrazahlung. Überdies war zu spüren, dass viele aus der Belegschaft dem Patriarchen Sympathie und sogar Bewunderung entgegenbrachten. Die von ihm gesuchte und gern postulierte Nähe beruhte offenbar auf Gegenseitigkeit, auch wenn die Mitarbeiter in einem ganz anderen Maße von ihm abhängig waren als er von ihnen.

Als 1996 erstmals der neue Trigema-Werbespot mit Wolfgang Grupp vor der *Tagesschau* ausgestrahlt wurde, gewann der Unternehmer spürbar an Popularität, denn nun fiel er deutschlandweit auf. Von nun an erhielt er Einladungen zu Vorträgen, was weitere Kreise zog. So referierte Wolfgang Grupp im April 1997 beim Hamburger Marketing-Club über sein Geschäftsmodell, seine persönliche Art der Unternehmensführung, den Standort Deutschland und die Auslandsverlagerung von Arbeitsplätzen. Dass er dabei provokant von der Gefährdung des sozialen Friedens durch steigende Arbeits- und Perspektivlosigkeit sprach, um sich dann zu einem Plädoyer für die Einführung einer strikten Managerhaftung aufzuschwingen, verstärkte das Interesse an ihm. Solche energisch vorgetragenen Statements waren für einen deutschen Unternehmer geradezu radikal.

Die positive Resonanz eines solchen Auftritts bestand nicht nur unmittelbar im Beifall des Publikums, sondern auch in den dann folgenden Anfragen von Journalisten. Nunmehr entstand eine Reihe ausführlicher Interviews. die vornehmlich nicht im Wirtschaftsteil erschienen. Grupp wurde sogar zum Gegenstand von Homestorys, in denen der Burladinger im Stil eines Prominenten in sein Privat- und Familienleben Einblick gewährte. *Welt, Hamburger Abendblatt, Hörzu* und schließlich sogar der *Spiegel* widmeten dem Schwaben viel Zeit und Raum.

Das kritische Hamburger Nachrichtenmagazin betitelte ihn im Sommer 1997 als den »sanften Patriarchen« und breitete die bemerkenswerte Ambivalenz seines Arbeitens und Lebens aus: Er sei Verfechter des deutschen Standorts und angewidert vom Shareholder-Value-Denken. Kurzsichtig agierende Topmanager bezeichne er mit Vorliebe als Versager und Größenwahnsinnige. Rund um die Uhr werde bei Trigema unabhängig von der Nachfrage so viel wie möglich produziert und in Lagern gestapelt. Von Gewerkschaftsseite werde er als verlässlicher Unternehmer geschätzt. Einen Butler beschäftige er in seiner Villa, lasse aber bei Aldi einkaufen. Zudem sei er mit einer österreichischen Baronesse verheiratet. – Wen wundert es, dass darauf das Fernsehen ansprang. Der Schwabe musste den Redaktionen als belebender, womöglich sogar quotenträchtiger Gesprächspartner erscheinen.

Privatfernsehen hieß das Magazin, das Friedrich Küppersbusch in der ARD moderierte. Hier trat Wolfgang Grupp im November 1997 zum Interview an und parierte recht wacker einige spitzzüngige Fragen. Küppersbusch wollte beispielsweise konkret wissen, wie Grupp es mit Aldi halte: Ließ er dort den Butler einkaufen, oder ging er selbst dorthin? – Nein, wenn, dann mache das seine Frau Elisabeth. – Habe Trigema nicht Ende der achtziger Jahre Aldi als wichtigen Großkunden verloren? – Ja, als der Discounter die Preise massiv nach unten drückte, sei er ausgestiegen. Schließlich habe Qualität ihren Preis. – In diesem Stil ging es einige Minuten weiter. Die niedrigeren Einstiegslöhne der Näherinnen und die verschiedenen Steigerungsmöglichkeiten kamen zur Sprache, der Absatz der Ware über eigene Läden, Grupps lautstark postulierte Idee der Steuerbegünstigung für persönlich haftende Unternehmer sowie der Luxus des Chefs. Am Ende spendete das Publikum kräftigen Applaus für den gelassen auftretenden Textiler. Der machte bei dieser Gelegenheit die Erfahrung, dass er sich vor der Kamera gut verkaufen konnte und – das erschien ihm überaus attraktiv – dass er mit Sicherheit über das Fernsehen zahlreiche potenzielle Kunden erreichte. Was konnte ihm Besseres passieren? Das waren eminent wertvolle Werbeminuten für sein Unternehmen. Auf dieser Schiene wollte Grupp weiterfahren.

Es dauerte nicht lange, bis der Schwabe mit seinen vehement vorgetragenen Standpunkten zu einem bekannten Gesicht in den bundesdeutschen Talkshows wurde. So saß er, meist mehr als einmal, bei Johannes B. Kerner, Maybrit Illner, Sandra Maischberger, Sabine Christiansen, Claus Strunz und in Frank Plasbergs *Hart aber fair*. Bei Illner gab es sogar Standing Ovations vom Publikum, nachdem Grupp von Verantwortung, Anstand und seinem unternehmerischen Ethos gesprochen hatte. Gelegentlich aber entstanden hitzige Kontroversen mit anderen Studiogästen. Beispielsweise gerieten im Jahr 2004 der damalige Post-Chef Klaus Zumwinkel und der Schwabe in der Talkshow von Sabine Christiansen aneinander. Grupp störte, dass der oberste Postler stolz darauf war, bei dem Unternehmen an die hundertsechzigtausend Stellen ohne Entlassung abgebaut zu haben. Darin aber wollte der Burladinger eine Belastung der Steuerzahler und kein zu würdigendes Verdienst Zumwinkels erkennen. Der Manager entgegnete gereizt, Grupps Wirtschaftsrhetorik liege unter dem Niveau einer Erstsemestervorlesung für BWL-Studenten. Abseits von Kameras und Mikrophonen zischte Zumwinkel seinem mittelständischen Kontrahenten »Elender Populist« ins Ohr und fragte die Moderatorin Christiansen nach der Sendung, wie man den überhaupt habe einladen können.

In ähnlicher Weise echauffierte sich Erwin Huber über Grupp, als beide in einer Sendung aufeinandertrafen. Der bayerische Staatsminister hatte dargelegt, im weiß-blauen Freistaat sei die wirtschaftliche Welt in Ordnung. Dem widersprach der Schwabe entschieden. Er verwies auf das Scheitern der vor allem in Nordbayern engagierten SchmidtBank und den skandalösen Zusammenbruch der von dem Brüdergespann Thomas und Florian Haffa hochgepushten Firma EM.TV. Die Pleite beschäftigte über Jahre die Gerichte. Zudem hatte doch der Münchener Medienunternehmer Leo Kirch die größte Insolvenz eines Unternehmens in der Geschichte der Bundesrepublik hingelegt, als die KirchMedia 2002 scheiterte und bei fast dreizehnhundert Gläubigern mit über neun Milliarden Euro Schulden in der Kreide stand. Seine Firmengruppe war unter anderem von der Bayerischen Landesbank mit Krediten über 2,1 Milliarden finanziert worden. In diesen sowohl die Steuerzahler als auch zahllose Anleger belastenden Megapleiten könne, so Grupp, niemand einen Ausweis mustergültigen Wirtschaftens in Bayern sehen. CSU-Mann Huber setzte sich heftig gegen die aus seiner Sicht unbotmäßige Kritik zur Wehr.

Grupp kann mit derartigen Reaktionen gut leben, denn er ist unabhängig. Ihm gefällt die Rolle eines wertkonservativen, aber in kein Schema passenden Advocatus Diaboli, der in so manche Fernsehrunde gehörig Zunder bringt. Seine Präsenz verleitete einige Kritiker zu der Annahme, der Unternehmer habe nachgeholfen, in die Talkshows eingeladen zu werden. Das stimmt natürlich nicht. Die Redaktionen wissen um Grupps Profil, seine Eigenarten und Stärken. Daher bitten sie ihn in ihre Studios, und er leistet den Einladungen Folge, wann immer er kann. Im andauernden Wettstreit um Aufmerksamkeit und Einschaltquote ist dies eine Win-win-Situation.

»Im Fernsehen sieht man eine Facette meiner Person. Es wäre todtraurig, wenn ich nur diese eine Seite hätte. Aber das ist eben die, die ich im Fernsehen zeige.« Dieses Ende 2009 veröffentlichte Zitat stammt nicht vom längst routinierten Talkshowgast aus Burladingen, sondern von der Viva-Moderatorin Gülcan Kamps. Die siebenundzwanzigjährige Schwiegertochter des ehemaligen Inhabers der Bäckereikette Kamps versteht es, ihren Auftritt zu inszenieren. Sie kultiviert ihr Image als aufgedrehte, dralle Blondine, die stundenlang Partystimmung verbreiten möchte. Gülcan Kamps lebt vom Fernsehen. Daher arbeitet sie unausgesetzt an ihrer Medienpräsenz. Entsprechend freut sie sich über Komplimente und selbst über Beleidigungen jeder Art, denn in ihnen sieht sie einen Indikator ihrer Prominenz und damit letztlich ihres Marktwerts.

Die zielgruppenorientierten Bonmots und kameragerechten Verrenkungen einer aufwändig gestylten Moderatorin, die gelegentlich sogar schauspielert, finden sich auf der einen Seite der Medaille gegenwärtiger Fernsehselbstdarstellung, Wolfgang Grupp auf der anderen. Die lockere Blonde und der korrekte Unternehmer wollen das Gleiche: Menschen erreichen, für sich einnehmen und davon profitieren. Frau Kamps wird für ihre unterhaltende Rolle bezahlt, während Herr Grupp in TV-Sendungen eingeladen wird und darüber hinaus teure Werbesekunden der ARD abonniert. Beide machten sich zur charakteristischen, unverwechselbaren Marke mit hohem Wiedererkennungswert. Beide gehören zum Repertoire des medialen Angebots.

Anfang März 2010 saß Wolfgang Grupp wieder einmal bei *Menschen bei Maischberger*. Die Sendung wollte wie schon einige andere Talkrunden vor ihr die Debatte aufgreifen, die FDP-Chef Guido Westerwelle Mitte Februar mit seiner Attacke gegen vermeintlich dekadente Arbeitslose, die sich auf Hartz-IV-Bezügen ausruhten, im Politik- und Medienbetrieb ausgelöst hatte. In Maischbergers Runde sollte es in provokanter Zuspitzung um »Ihr da oben, Ihr da unten: Wer sind die wahren Asozialen?« gehen. Wer war eingeladen? Die Fraktionsgeschäftsführerin der Linkspartei im Bundestag, Dagmar Enkelmann, Martin Lindner von der FDP, zwei Langzeitarbeitslose, der windige Immobilieninvestor und Spekulant Thomas Kramer aus Miami sowie der bodenständige Textiler Wolfgang Grupp aus Burladingen. Letzteren stellte die Moderatorin als »Deutschlands meinungsstärksten Unternehmer« vor. Ob Sandra Maischberger ahnte, welches Streitpotenzial sie und ihre Redaktion da zusammengetrommelt hatten?

Die von 22.30 Uhr an bundesweit gezeigte WDR-Talkshow wurde nicht live gesendet. Vielmehr hatte man sie am späten Nachmittag in einem Kölner Studio vorproduziert. Gleich nach dem Ende der Aufzeichnung war Grupp in seinen Mercedes gestiegen und hatte seinen Chauffeur angetrieben, ihn bis zum Sendebeginn nach Hause zurückzufahren.

Eine Minute vor Beginn waren die vierhundertfünfzig Kilometer bewältigt, und der Meinungsstarke nahm neben seiner Frau vor dem heimischen Fernsehgerät Platz.

Die Show begann damit, dass zunächst die Berliner Politiker von FDP und Linkspartei zu Wort kamen. Auf sie folgte der dem breiten Publikum kaum bekannte Immobilieninvestor, der durch einen Einspielfilm porträtiert wurde. Er sei ein kurzzeitiger Schwiegersohn der Verlegerfamilie Burda gewesen, habe in Deutschland zu Beginn der neunziger Jahre agiert und dann in Florida mit Bauprojekten Millionen verdient. Kramer wurde als Bewunderer des Tycoons Donald Trump beschrieben und zudem mit Aufnahmen vor seiner Villa als Jetsettyp in Szene gesetzt. Vor den Fernsehkameras vertrat er die Ansicht, in Deutschland sei das Klima nicht unternehmer- und investorenfreundlich, gerade wegen der Lohnnebenkosten. Deshalb sei er in die USA gegangen, wo man wirklich etwas bewegen und Arbeitsplätze schaffen könne. Grupp, der auf demselben Sofa wie Kramer saß, war der Vierte, dem die Moderatorin das Wort erteilte. Als hätte sie unbeabsichtigt den Lautstärkeregler hochgedreht, startete der Burladinger ein immer lauter werdendes Statement. Er war bereits genervt vom ersten Beitrag des FDP-Mannes Lindner, der der Runde und dem Fernsehpublikum seine persönliche Vorliebe für kaltes Duschen anvertraut hatte. Diese Offenbarung bezog sich auf eine damals gerade in die Schlagzeilen geratene Empfehlung des eigensinnigen Bundesbankvorstands Thilo Sarazzin, Hartz-IV-Empfänger sollten doch einfach kalt duschen, wenn das Geld für einen Durchlauferhitzer nicht reiche. Weitaus mehr störte Grupp, dass Kramer gemeinsam mit ihm als erfolgreicher Unternehmer dargestellt wurde. Hatte der nicht Deutschland einst den Rücken gekehrt, weil er hier geschäftlich mit Immobilienfonds gescheitert war? Diese unrühmliche Vergangenheit war Grupp nicht nur wie den anderen Diskutanten aus frei zugänglichen Quellen bekannt, sondern auch durch seine jahrzehntelange Freundschaft zur Familie Franz Burdas.

Der Schwabe nutzte die Gelegenheit zu einer Tirade, die sich, angeheizt durch einige Nachfragen der Moderatorin, zu einem mehr als fünfminütigen Monolog auswuchs. Für Maischberger dürfte er eine schier endlose, auf diverse Abwege führende Themenfolter gewesen sein: Trump sei als Vorbild nun wahrlich nicht geeignet, er sei vielmehr ein Hasardeur und Ausbeuter! Überhaupt grassiere Größenwahn in der Wirtschaft! Unternehmer und Manager übernähmen nicht ausreichend Verantwortung. Da könne nur ein geändertes Haftungs- und Insolvenzrecht Abhilfe schaffen! – Leistung müsse sich lohnen. Wenn aber Guido Westerwelle das Hartz-IV-Thema auf diese Weise aufbringe, dann habe die Regierung auch dafür zu sorgen, dass den Arbeitslosen tatsächlich Arbeitsplätze offeriert würden. In Deutschland gelte es, innovative Produkte herzustellen. Nur damit habe die deutsche Wirtschaft im internationalen Wettstreit eine Chance. Der Mindestlohn müsse kommen! Es könne nicht sein, dass Firmen Niedrigstlöhne zahlen und dem Beschäftigten ergänzende Sozialleistungen zur Deckung des Existenzminimums empfehlen. Damit subventioniere doch er – Grupp – über seine Steuern das unanständige Geschäftsgebaren von Mitbewerbern im Lande, die ihm wiederum das Leben schwerer machten. Mit Marktwirtschaft habe das nichts zu tun! – Zur Sprache kamen weiterhin die geplante Verlegung der Mercedes-C-Klasse-Produktion in die USA, die realitätsfern formulierten mittelfristigen Umsatzprognosen von Wirtschaftsbossen, der Spitzensteuersatz und die Behauptung, dass alles Schlechte der Finanz- und Wirtschaftskrise aus den USA stamme. Und, ach ja, Kramer: Der sei doch kein Unternehmervorbild, sondern ein Zocker! Er habe in Deutschland vor bald zwanzig Jahren Schiffbruch erlitten und nur aus diesem Grund das Land verlassen. – Mehr Themen kann vermutlich niemand in dreihundert Sekunden anreißen. Für eine Diskussion im Fernsehen ist so etwas alles andere als förderlich, denn vom eigentlichen Gegenstand der Talkshow, dem Verhalten von Armen und Reichen in der Gesellschaft, lenkte es ab.

Die Lautstärke von Grupp, die Schärfe seiner Tonlage und seine resolute Körpersprache bildeten den Treibstoff, der die Runde in den folgenden sechzig Minuten erstaunlich befeuerte, so als sei das plätschernde Duschwasser des FPD-Politikers von einem Sturzbach, einer Themenflutwelle überspült worden. Kramer geriet in Rage, weil er sich persönlich diffamiert fühlte, und auch die beiden Politiker wurden lauter, um sich Gehör zu verschaffen. Das Gebot der Höflichkeit, den anderen aussprechen zu lassen, existierte fortan nicht mehr. Der kämpferische Austausch kontroverser Positionen geriet zum Gezeter, wobei in erster Linie Kramer der Kamm schwoll. Er ging auf Grupps Kritik an seiner Person nicht ein, vielleicht weil er ahnte, dass der Schwabe besser über seine Geschäfte Bescheid wusste als die anderen in der Runde. Stattdessen schimpfte der Investor über Dagmar Enkelmann und die beiden nunmehr hinzugekommenen Langzeitarbeitslosen, die mit gewundenen Beiträgen die Geduld der gereizten Diskutanten überstrapazierten. Maischbergers Bemühen um mehr Disziplin fruchtete nicht, sodass die Runde immer unkontrollierter und vehementer wurde.

Inzwischen klemmte der schlanke Schwabe mit übereinandergeschlagenen Beinen in der linken Ecke seines Sofas und verhielt sich abwartend, während der breitbeinig rechts neben ihm sitzende, bullige Kramer, der wie ein nach Orientierung suchender Preisboxer wirkte, in alle Richtungen austeilte. Wenn Grupp noch einmal zu Wort kam, feuerte er aus bekannten Rohren: Managerschelte, unter anderem gegen Edzard Reuter und Jürgen Schrempp, Verächtliches über Private-Equity-Geschäfte, die zur verantwortungslosen Ausplünderung der Firmen führten, und zu guter Letzt ein Lob des Mittelstandes, denn schließlich bleibe dort das Geld im Betrieb, auch zum Wohle der Beschäftigten.

Grupp ist mittlerweile erfahren genug, um zu wissen, wie er sich in einer Talkrunde Gehör verschafft. Daher spielte er einige plakative Bilder aus, die die Debatte lenkten. Die Diskussion um Steuersünden und die Rolle der Schweiz fachte er mit der Bemerkung an, es könne doch nicht sein, dass man im eigenen Haus die Kinder von Zigaretten und Drogen fernhalte, während der geschätzte Nachbar ein Raucher- und Drogenzimmer unterhalte, in das er die Kinder heimlich einlade, sich aber, wenn er danach gefragt werde, weigere, darüber Auskunft zu geben. Diese Pointierung forderte die Diskutanten zu lautstarken Reaktionen heraus. Im Anschluss setzte Grupp noch mit einer eigentümlich radikalen Idee zur Haftungsthematik nach. Um dem Mangel an Verantwortung bei höchstbezahlten Managern abzuhelfen, empfahl er Folgendes: Wenn Manager eine Firma in die Insolvenz führten und damit verdienten, treuen Mitarbeitern die Existenzgrundlage raubten, wodurch diese letztlich zu Hartz-IV-Empfängern gemacht würden, dann dürfe man die Verantwortlichen nicht mit Millionenabfindungen ziehen lassen. Vielmehr solle sie der Staat bestrafen. Womit? – »Mit Hartz V!«, rief Grupp aus, der sich hier zum Staatsanwalt und Richter in einer Person aufschwang: »Bei Wasser und Brot sollen sie sitzen und nachmittags im Steinbruch klopfen, um die von ihnen angerichteten Schulden zu begleichen!«

Mit solchen verbalen Provokationen treibt man eine Debatte auf neue Höhen. Die Politikerin von der Linken spendete Grupp Beifall, und auch einer der Arbeitslosen pflichtete ihm bei. FDP-Mann Lindner wollte dem freilich genauso wenig folgen wie der Immobilieninvestor Kramer. Das Durcheinander der rücksichtslos in die Runde geworfenen Sätze und die überdrehte Tonlage ließen Sandra Maischberger sichtlich um Contenance ringen. Sie herrschte Kramer an, er möge doch einmal »die Klappe« halten und andere ausreden lassen. Trotz dieses strengen Ordnungsrufs wusste die Moderatorin ihre Würde zu wahren, aber im Ganzen wirkte die Talkshow wie eine Schulklasse außer Rand und Band, deren Lehrerin es nicht vermochte, Ordnung zu schaffen. Und die Quote? Die war besser als üblich. Trotz der späten Stunde hatten 2,15 Millionen Zuschauer eingeschaltet, vierhundertfünfzigtausend mehr als sonst. Lag es am Thema »wahre Asoziale«, das die Westerwelle-Vorhaltungen zugespitzt aufgriff? Oder lag es gar an Grupp, der unter den Gästen der wirklich Prominente war?

Der Unternehmer betrachtete die aufgeregte Sendung als Gefecht, das er mit seinen Argumenten gewonnen und das ihm beim Publikum Sympathie eingebracht hatte. Für ihn werden die Noten nicht allein über die Einschaltquote vergeben, sondern im Laufe der folgenden Tage auch am Telefon oder im Postfach der Homepage von Trigema. Dort gehen nach seinen Fernsehauftritten in schöner Regelmäßigkeit zahlreiche Kommentare und Mitteilungen von Zuschauern ein. Am Tag nach der Maischberger-Runde waren es mehrere hundert. Kaum eine kritische Anmerkung fand sich darunter, sondern fast ausschließlich Lob. So zollte man ihm Respekt, da er »als Einziger« offene Worte abseits der *political correctness* finde. Die meisten dankten dem Unternehmer ausdrücklich für sein Auftreten. Manch einer verband dies sogar mit der Ankündigung, bestimmt mal wieder in einem der Trigema-Geschäfte vorbeizuschauen. Die breite Resonanz freute den Patriarchen. Er las mit Genuss, dass er den Leuten »aus der Seele« spreche, dass er so weitermachen solle und dass man ihn als Politiker sofort wählen würde, denn dann ginge es mit Deutschland nicht mehr bergab.

Ob er auf seinen Terminus »Hartz V« Copyright anmelden muss, da er in die aktuellen Sozialstaatsdebatten einfließt, bleibt fraglich. Ohnehin berufen sich nur in seltenen Ausnahmefällen Politiker oder Repräsentanten des öffentlichen Lebens auf Grupp. Aber die Gunst der Fernseh-Stunde weiß der Burladinger zu nutzen. Er sieht jede Talkshow als Chance, für sich und letztlich für seine Firma Werbung zu machen. Das ist schließlich das Erstaunliche: Trigema wurde in der Maischberger-Sendung überhaupt nicht erwähnt. Das Publikum kannte demnach Wolfgang Grupp, recherchierte die Homepage der Firma und mailte frisch von der Leber weg, dass er der Beste in der späten Runde gewesen sei. Dieses Feedback ist das Elixier, das der Unternehmer braucht. Dafür setzt er sich gern sieben Stunden ins Auto, um fünfundsiebzig Minuten vor der Kamera nach der Gelegenheit zu suchen, sich zu präsentieren. Denen, die ihn auswählen, ist bewusst, dass sie mit ihm keineswegs einen Langweiler einladen, sondern einen Lautsprecher extremer Positionen.

Deutschlands meinungsstärkster Unternehmer, wie ihn Sandra Maischberger nannte, ist kein einfacher Mitspieler, doch er kann die Resonanz einer Sendung steigern. Wenn Journalisten in *Sueddeutsche online*, *Berliner Morgenpost* und *Bild* über das Tohuwabohu berichten und etwa das *Handelsblatt* über »Talkgäste außer Kontrolle« schreibt, dann bringt das, trotz aller Kritik an der Moderatorin und den Diskutanten, für jeden Beteiligten ein Plus an Aufmerksamkeit. Genau darauf kommt es im medialen Wettbewerb an. Natürlich spielt der Gehalt der vorgebrachten Argumente eine Rolle. Besser werden sie nicht, wenn sie lauter vorgetragen werden, doch diesen Einwand weist Grupp zurück. Er will sich Gehör verschaffen und weiß, dass seine offensive Art bei einem großen Publikum ankommt.

Es gibt einige Persönlichkeiten, die partout nicht mehr mit dem Schwaben vor der Kamera erscheinen wollen. Beispielsweise hält Hans-Olaf Henkel, der 1995 bis 2000 als Präsident des Bundesverbands der Deutschen Industrie amtierte, rein gar nichts von Wolfgang Grupp. Da versage seine sonst so geübte Toleranz, die ihm beispielsweise den kontroversen Dialog mit Oskar Lafontaine, Sarah Wagenknecht oder Heiner Geißler ermögliche. Mehrfach hatte es Dispute zwischen den beiden Herren darüber gegeben, wie man Arbeitsplätze in Deutschland erhalte und die Wettbewerbsfähigkeit der heimischen Wirtschaft am besten verteidige. Der aus Hamburg stammende Henkel engagiert sich seit Jahren vehement für offene Weltmärkte und damit für die deutsche Exportwirtschaft. Er weist darauf hin, dass jeder vierte Arbeitsplatz in Deutschland vom Export lebt, dass es kein Land vergleichbarer Größenordnung gibt, welches so vom Export abhängig ist wie Deutschland, und dass sich schon deshalb gerade die

Bundesrepublik keine Abschottung gegenüber dem Ausland leisten könne. Grupp kritisierte Henkel und andere Verbandsrepräsentanten, da sie seiner Meinung nach dem Abbau inländischer Arbeitsplätze in unverantwortlichem Maße Vorschub leisteten und letztlich »über Leichen« gingen.

Derartige Angriffe und die wirtschaftspolitischen Thesen des Mittelständlers an sich beurteilt Henkel nicht nur als falsch, sondern auch als »absolut populistisch«. Wenn etwa Grupp die Konsumenten dazu aufrufe, nur in Deutschland hergestellte Produkte zu kaufen, dann fördere das vielleicht den Absatz von Trigema-Ware bei einem unaufgeklärten Teil der Käufer, aber es könne gleichzeitig großen Schaden anrichten: Man stelle sich vor, so Henkel, die ausländischen Kunden täten das Gleiche, dann würde nicht nur die deutsche Exportwirtschaft, sondern der ganze Welthandel in Mitleidenschaft gezogen. In Grupps Appellen meint Henkel gar unterschwellig Nationalismus zu erkennen, etwas, was er zutiefst verabscheue. Im Übrigen verschleiere Grupp mit seinen vereinfachenden Aussagen über den angeblichen Export deutscher Arbeitsplätze, dass in Wirklichkeit das Gegenteil der Fall sei: Der immer noch gewaltige Handelsüberschuss der deutschen Wirtschaft bedeute nichts anderes, als dass weit mehr Arbeitsplätze importiert als exportiert würden. Wo käme man denn hin, wenn Engländer, Amerikaner oder Inder die Finger von deutschen Importwaren ließen? Welche Märkte blieben dann etwa den deutschen Maschinen- und Autobauern? Und woher bezieht Grupp eigentlich die Baumwolle für seine Stoffe?

Was den wettbewerbsorientierten Wirtschaftsliberalen Henkel besonders stört, sind Grupps pauschale Angriffe auf Großunternehmen, denn damit erwecke er den Eindruck, die seien schon allein aufgrund ihrer Größe schlecht. Man könne sicher in einem kleinen Unternehmen Unterhemden produzieren, aber doch wohl kaum erschwingliche Autos, forschungsintensive Pharmazeutika oder ICE-Züge. Grupp generalisiere in seiner Pauschalschelte immer wieder gern die Fehlleistungen Einzelner um des »billigen Beifalls willen« und nehme bewusst dabei in Kauf, dass aus einigen schwarzen Schafen eine schwarze Herde gemacht werde. Daher bezeichnet der ehemalige BDI-Präsident das öffentliche Auftreten des Textilfabrikanten als unüberlegt und sogar verantwortungslos.

Dass Grupp wiederholt Einladungen zu Fernsehauftritten erhält, sei, so Henkel, ein Beleg für den absurden Charakter seiner Thesen, denn die Journalisten platzierten ihn vor den Kameras, weil sie unter Garantie aus seinem Munde Widerspruch zu den etablierten Positionen erwarten dürften. In Henkels Augen ist Grupp so etwas wie ein Heiner Geißler des Unternehmertums, ein disputationsfreudiger Renegat also, der Einschaltquote bringe.

Die Aversion, die aus solchen Worten spricht, beruht auf Gegenseitigkeit. Seit über einem Jahrzehnt schon ist der Ton zwischen Grupp und Henkel mehr als frostig, nicht nur in der miteinander geführten Korrespondenz. Zu hinterfragen gilt hier nicht, wer recht hat, sondern wie es mit dem Vorwurf des Nationalismus steht. Wenn jemand sagt, seine Heimat sei ihm näher als das Ausland, und deswegen die hiesigen Arbeitsplätze aufrechterhalten oder seine Stiftungsgelder vor Ort ausgeben will, so hat das nichts Nationalistisches an sich. Grupp, der um diesbezügliche Vorhaltungen weiß, bringt es auf die einfache Formel, »ein Deutscher, aber kein Deutschtümler« zu sein.

Das protektionistische und überzogen patriotische Denken, das in den USA gelegentlich durchbricht, wenn Interessengruppen und Lobbyisten die Amerikaner zum »buy american« aufrufen, hat einen anderen Klang als der Aufruf Grupps zum Kauf von Trigema-Textilien aus heimischer Produktion. Er wird zwar schneidig in der Fernsehwerbung hinausgeschmettert und mit der Einblendung einer deutschen Flagge unterstrichen, was den Werbespot in den Augen vieler politisch zumindest fragwürdig macht. Aber wirklich überzogen deutsch ist das Bild, das Grupp zum Wohle seiner Firma und seiner selbst einsetzt, dann doch nicht. Bei der schwäbischen Firma arbeiten hierzulande Beschäftigte aus etwa zwanzig Nationen. Die Führungspositionen sind zwar mit Deutschen besetzt, doch das entspricht der gängigen Praxis in mittelständischen Unternehmen.

Der Inhaber ist zu eigensinnig und auch viel zu klug, um andauernd auf einer politisch-nationalen Klaviatur zu spielen. Er zielt auf die Masse, will seine Jahresproduktion von acht Millionen Stück Textilien an Menschen jedweder politischer Couleur und Herkunft verkaufen. Da wäre es geradezu töricht, die Kundschaft vorwiegend in der rechten Ecke zu suchen. Es ist zu einfach, ihn dorthin zu stellen.

Auch wenn man das Interview liest, das die rechtskonservative Wochenzeitung *Junge Freiheit* im Frühjahr 2009 mit ihm führte, wird man nicht den Eindruck bekommen, hier spreche jemand, der Nationalismus für geschäftliche Zwecke instrumentalisiert. Im Grunde präsentierte Grupp in dem Berliner Blatt seine bekannten Positionen. Als ihm darüber hinaus die Frage gestellt wurde, ob er sich »als Unternehmer in einer typisch deutschen Tradition« sehe, antwortete er, er betrachte Deutschland als seine ihm Geborgenheit vermittelnde Heimat, für die er etwas tun müsse: Es sei seine »erste Aufgabe als Unternehmer, meine Pflichten in meinem Heimatland zu erfüllen, bevor ich auf die Idee komme, das Glück in der Ferne suchen zu müssen«. Das klingt gegenüber den in Unternehmerkreisen gängigen Globalisierungsstatements wie ein Satz aus einer längst vergangenen Welt. Zum Nationalismus allerdings fehlt die gegen andere gerichtete Schärfe.

Verantwortung und Anstand

Wolfgang Grupp besitzt sehr verschiedene Gesichter. Das bekannteste hat der seit 1996 um seinen eigenen Auftritt erweiterte Werbespot mit dem Schimpansen geprägt. Es wirkt einstudiert, denn jedes der wenigen Worte ist wohlkalkuliert und völlig auf den werblichen Zweck ausgerichtet. Das lautstärkste Gesicht präsentiert der Unternehmer in den politischen Talkshows, wo er darum bemüht ist, in den wenigen Minuten seines Redeanteils so viel wie möglich aus dem Repertoire seiner Ansichten zu verbreiten. Tritt er bei Vortragsveranstaltungen auf, dann erleben die Zuhörer einen ohne Manuskript frei sprechenden, energiegeladenen und auch humorvollen Redner. Man kann ihm folgen, kann ihm applaudieren oder sich über seinen Stil amüsieren, langweilen wird sich niemand mit dem Schwaben. Am stärksten wirkt er eben durch den persönlichen Auftritt. Da ist Grupp »der Grupp«.

Sehr genau weiß er Mimik, Gestik, Kleidung, Tempo und Inhalte seiner Ausführungen so einzusetzen, dass er eine überaus markante Präsenz entwickelt. Das ist sein eigentliches Metier, wenn er nicht im Großraumbüro in Burladingen das Kommando führt. Selten dagegen gibt er ausführliche Interviews. Bei solchen Gelegenheiten besteht aber die Chance, dass er im Dialog mit dem Fragenden Meinungen und Argumente vorbringt, die wesentlich fundierter klingen als seine im Wortgefecht vor der Fernsehkamera verkündeten Auffassungen. Dann kann er sogar ein Mann der Zwischentöne sein, einer, der es vermag, sich über weite Strecken zu zügeln, um dann dennoch den entscheidenden Stich zu setzen.

Beispielhaft ist ein längeres Fernsehinterview, das Wolfgang Grupp Anfang 2005 im Alpha-Forum des Bayerischen Rundfunks gab. Befragt wurde er von Redakteur Klaus Kastan, der seinem Gast über fünfundvierzig Minuten auf den Zahn fühlte. Er arbeitete sich durch die gängigen Themen, zu denen man den Chef von Trigema als Verfechter des deutschen Produktionsstandorts und Kritiker des modernen Wirtschaftsgebarens befragen kann. Ob Grupp angesichts seiner offenen Worte in Unternehmerkreisen beliebt sei oder was die abwandernden Firmen der Textilbranche antreibe, wollte er wissen. Grupp wurde hier dazu gebracht, die Entwicklung seiner geschäftlichen Strategie und die Motivation für sein teils heftiges Polemisieren gegen das moderne Management darzustellen. Dabei fielen die Antworten akkurat aus und ließen sich viel besser nachvollziehen, als es je in einem Talkshowbeitrag möglich wäre.

Kastan fragte konkret nach der »Absahnermentalität«, die Politiker bis hin zu den höchsten Repräsentanten des Staates im Management zahlreicher Unternehmen sähen und als verwerflich anprangerten. Grupp erklärte dazu, es gäbe Tausende Firmen, in denen anständige Verhältnisse herrschten. Das sei zumeist dann der Fall, wenn dort verantwortliche Führungskräfte und Inhaber die Geschäfte lenkten. Um generell Abhilfe zu schaffen, verlangte er kategorisch, »dass in unserer Unternehmerlandschaft … die Verantwortung wieder zu ihrem Recht kommt«, denn man könne nicht »Millionen kassieren für Milliardenfehlleistungen«. Grupp meinte, man lebe in Deutschland nicht in einer »Neidgesellschaft«, sondern in einer »Gerechtigkeitsgesellschaft«. In ihr würde erwartet, dass der Verantwortliche an der Spitze für seine Fehlleistungen geradestehe und nicht etwa der Arbeitnehmer mit dem Verlust seines Arbeitsplatzes die Folgen ausbaden müsse. Daher forderte der Schwabe mit der für ihn typischen Entschiedenheit die Rückbesinnung auf wirklich verantwortliches Handeln in der Wirtschaft. Man bräuchte »vor allem wieder die Vorbilder, die mit gutem Beispiel vorangehen«.

Dieses Statement wurde 2005 geäußert, also einige Jahre nach dem Platzen der Spekulationsblase des Neuen Markts, das die Aktienkurse der Telekom, die Haffa-Brüder und diverse nach oben gespülte Hasardeure hatte abstürzen lassen, und einige Jahre vor der von den USA aus um die Welt schwappenden Finanzmarkt- und Bankenkrise, die in der Öffentlichkeit das traditionell hochangesehene Berufsbild des Bankiers zu etwas Verächtlichem machte. Zum Grundrepertoire der Argumentation Wolfgang Grupps zählt, für die verstärkte persönliche Haftung zu plädieren. Das bezieht er zum einen auf die Unternehmerseite. Früher war die Kommanditgesellschaft mit persönlich haftenden Gesellschaftern gang und gäbe. Dabei standen die Komplementäre mit ihrem Privatvermögen für die Geschicke der Firma ein und fällten in den Augen Grupps weitaus gründlicher überlegte, »filigranere« Entscheidungen, als es im Vergleich bei den GmbH und Aktiengesellschaften der Fall sei. Beim Management der Gegenwart sieht der Mittelständler eine stark entwickelte Risikofreude und den Hang zu überproportionaler

Expansion, die für ihn nichts anderes ist als »Großmannssucht und Größenwahn«.

Dabei kann er das Gebaren der Topleute nachvollziehen, denn in dem etablierten System steige deren Gehalt gemäß ihrem Aktionsradius. Wenn Firmen oder gar Konzerne fusionieren, können sich Einkünfte und Boni multiplizieren. Da gleichzeitig die Managementdirektiven weitgehend ohne persönliches Risiko beschlossen würden, sei die gängige Praxis in den Führungsetagen wenig überraschend. Um diesem systemimmanenten Fehler abzuhelfen, verlangt Grupp eine wirkliche persönliche Haftung von Entscheidungsträgern. Er ist sicher, dass in der Wirtschaft effizienter und nachhaltiger gehandelt würde, wenn die Spitzenkräfte selbst etwas riskierten. Wenn sie nicht allein Firmenwerte einsetzen, sondern im Ernstfall selbst in der Kreide stehen, dann passen sie auch ihr Verhalten auf ein gesundes Maß an. Nun ist es beileibe nicht so, dass Vorstandsmitglieder von Aktiengesellschaften frei von jeglichen Haftungsbestimmungen agieren. Nur sind die Verjährungsfristen so kurz, dass die Verursacher von Fehlentscheidungen, deren Folgen sich erst nach einigen Jahren offenbaren, nicht mehr belangt werden können. Dieses Manko hat die Bundesministerin der Justiz, Sabine Leutheusser-Schnarrenberger, im Januar 2010 in einer Haushaltsdebatte des Bundestages angesprochen. Sie meinte, der durchaus vorhandenen »Spielermentalität in der Wirtschaft« müsse dadurch Einhalt geboten werden, dass die Haftungsfristen verlängert würden. Es bleibt abzuwarten, was aus dem Vorschlag wird.

Verantwortung und persönliche Haftung sieht Grupp als Grundvoraussetzung für das, woran es in seinen Augen in der Wirtschaft mangelt: Anstand. Das ist der eigentliche Kernpunkt seiner wirtschaftsethischen Argumentation, die er als Maßstab für seine persönliche Orientierung betrachtet. Dazu passt eine Äußerung im Fachblatt *Textilwirtschaft*: »Wir haben immer die Verantwortung für alles gesehen, was wir tun. Für die Menschen. Für die Umwelt. Das ist mein prinzipielles Credo, das ich versucht habe, konstant zu beachten. Das hat mir geholfen, auch schwierige Jahre zu überstehen. Anständigkeit zahlt sich immer aus.« Grupp möchte sein Denken verbreiten. Er möchte, dass Unternehmer und die Führungskräfte in den Chefetagen durchdachte und angemessene Entscheidungen fällen, mittels derer die geschäftlichen Ziele erreicht und kostspielige Insolvenzen vermieden werden. Freilich stammen die Ziele, die ihm sympathisch erscheinen, aus einer Zeit, als es noch keine Venture-Capital-Gesellschaften, keine Hedgefonds und keinen Primat des Shareholder-Value gab.

Im Grunde möchte Grupp eine Firmenlandschaft mit prägenden Unternehmerpersönlichkeiten und Managern an der Spitze, die ihre geschäftlichen Unternehmungen so gestalten, dass sie sie selbst noch überblicken können. Das Einfrieren von Gehältern für Topleute gehört nicht zu seinen Forderungen, denn wer eine wirkliche Höchstleistung bringe, dürfe auch Millionen verdienen. Auch die oftmals von der Politik eingeforderte höhere Transparenz ist ihm egal, denn beispielsweise nützte es bei Karstadt Quelle überhaupt nichts, über die Gehälter der Führungsmannschaft Bescheid zu wissen, angesichts der Tatsache, dass gleichzeitig über ein Jahrzehnt in dem Waren- und Versandhauskonzern Fehlentscheidungen getroffen wurden.

Der Interviewer im Bayerischen Rundfunk hatte ein Zitat zur Hand, das er Grupp vor laufender Kamera vortrug: »Ich prangere jene an, die das Gegenteil von verantwortlichem Handeln praktizieren. Egoisten, die in erster Linie sich selbst bedienen und sich ohne adäquate Leistung Vergünstigungen beschaffen, fügen unserer freiheitlichen Ordnung schweren Schaden zu.« Der Journalist sagte, es stamme von Grupp persönlich, doch der war nicht der Urheber dieses Statements. Sehr wohl bestand es aus einzelnen Elementen seines Wertekanons, die der Mittelständler gern in die Debatte einbringt, doch er formuliert niemals so gravitätisch und druckreif, als habe ein Redenschreiber die Hand im Spiel gehabt.

Die für ihn charakteristischen Sätze sind kurz, holzschnittartig und leicht verständlich. Damit vermag er in Erinnerung zu bleiben. Doch Grupp wäre nicht er selbst, wenn er seine öffentlich vorgebrachten Positionen nicht mit einem praktischen Vorschlag ergänzen würde: Er tritt dafür ein, dass der Höchststeuersatz für die Allgemeinheit auf sechzig Prozent angehoben wird. Wenn ein Spitzenverdiener beschließt, die persönliche Haftung zu übernehmen, solle ihm der Staat die Hälfte der Steuern erlassen. Den radikalen Gedanken erklärt Grupp damit, dass der Gesellschaft in dem Fall ein höherer Nutzen aus dem verantwortungsbewussten Agieren des Haftenden zufiele, als wenn sie mehr Steuern einnähme. Schließlich würde sich der Unternehmer oder Manager sehr gut überlegen, was er beginnt, und zudem stünden ihm dank der reduzierten Besteuerung mehr liquide Mittel für Investitionen zur Verfügung.

»Güter sind träge, Geld ist flink«, schrieb Roger de Weck, der ehemalige Chefredakteur der Wochenzeitung *Die Zeit*, in einem Buch über Krise und Kapitalismus. Der studierte Volkswirt meinte damit, Industrielle blieben eher auf dem Boden der Tatsachen und planten mittel- bis langfristig, während Finanzleute viel stärker dazu neigten, höhere Risiken einzugehen und kurzfristig zu agieren. In der »Despotie der kurzen Frist«, der Quartalsgetriebenheit der Aktiengesellschaften, sah der Zeitungsjournalist ein weiteres wesentliches Manko der Großunternehmen der Wirtschaft. Hinzu kam im vergangenen Jahrzehnt der Globalisierung ein ausgeprägter Personenkult um unstete Manager. Sie hätten gern den Terminus »Nachhaltigkeit« bei ihren öffentlichen Auftritten eingesetzt, seien diesem Anspruch jedoch mit ihren unternehmerischen Strategien und Entscheidungen nicht gerecht geworden. Um ihr Handeln wirklich nachhaltig zu gestalten, müssten die Wirtschaftsführer de Weck zufolge tatsächliche Eigenverantwortung übernehmen.

Hier lassen sich Grupps Positionen bündig anschließen, doch egal, ob in der Presse abgedruckt oder in Interviews, Talkshows und Vorträgen gesprochen, der lautstarke Schwabe dringt mit seiner Idee der Kopplung von Verantwortung, Haftung und Steuersatz nicht durch. Die Erfahrung, dass es an Mitstreitern mangelt, hat auch ein Schweizer Wissenschaftler machen müssen. Auch der emeritierte Ökonomieprofessor Hans Würgler, einst Leiter der Konjunkturforschungsstelle an der Eidgenössisch-Technischen Hochschule Zürich, empfahl angesichts der Krise der Schweizer Großbank UBS, der Staat solle dafür sorgen, dass in die Arbeitsverträge von Topmanagern eine persönliche Haftpflicht für den Konkursfall aufgenommen werde. Schließlich seien nicht die hohen Gehälter oder Boni das eigentliche Problem, sondern der Umstand, dass diese Führungskräfte ohne eigene Kapitalbeteiligung das Geschick systemrelevanter Großfirmen beeinflussten, wie der Beinahekollaps der UBS zeige. Den Konkurs wendete der Staat ab, da dem Unternehmen eine so immense Bedeutung beigemessen wurde, dass man es nicht, wie in der Marktwirtschaft eigentlich üblich, hätte scheitern lassen dürfen. Ob es nun ein Schweizer Wirtschaftsgelehrter ist oder ein Textilunternehmer aus Schwaben, der diese Vorschläge unterbreitet, eine ernsthafte Resonanz der zuständigen Akteure in den Parlamenten bleibt aus.

Grupp merkt, dass er mit seinen Forderungen Interesse weckt und in der Öffentlichkeit Zuspruch findet. Regelmäßig gehen bei ihm in der Firmenzentrale anerkennende Zeilen ein, oder aber ein ihm völlig unbekannter Standbesucher schüttelt ihm auf einer Messe die Hand, um ihm für die Anregungen und »klaren Worte« zu danken. Aber kein Politiker, welcher Couleur auch immer, nimmt sich seines Vorschlags der an die persönliche Haftung gekoppelten Steuerminderung an. Er lässt nicht locker und schreibt auffordernde Briefe an hochstehende Adressaten, seit Jahren schon.

Ende 2001 hatte er sich bereits an Angela Merkel gewandt, die damals in ihrer Funktion als Vorsitzende der CDU ein Diskussionspapier ihrer Partei über die neue soziale Marktwirtschaft an deutsche Unternehmer verschickte. Grupp entgegnete der Politikerin, man bräuchte in Deutschland »auf allen Ebenen wieder Führungskräfte mit Vorbildfunktion, Leistung und Motivation«. Zudem machte er auf die von ihm erdachte Haftungs- und Steueridee aufmerksam. Angela Merkel ließ sich davon genauso wenig beeindrucken wie neun Jahre später Finanzminister Wolfgang Schäuble. Grupp hatte seinen baden-württembergischen Landsmann angeschrieben, um die aus seiner Sicht eklatante »problemlose« Insolvenz zu thematisieren. Es sei mit der sozialen Marktwirtschaft nicht vereinbar, wenn Unternehmer ihre Firmen aushöhlen und letzten Endes durch die Insolvenz dem Staat und damit dem Steuerzahler große finanzielle Lasten aufbürden könnten. Dem Treiben verantwortungsloser Unternehmer und Ausbeuter müsse der Gesetzgeber abhelfen, etwa durch die steuerbegünstigte persönliche Haftung.

Schäuble wollte der Argumentation des Schwaben nicht folgen. Er entgegnete, in Deutschland firmiere die Mehrheit der Unternehmen als GbR, OHG, KG und Einzelunternehmen, wobei die persönlichen Gesellschafter mit ihrem Privat- und Betriebsvermögen zu haften hätten. In der Bundesrepublik betraf die Hälfte der Insolvenzen im ersten Halbjahr 2009 Betriebe, die eine persönliche Haftung aufwiesen. Insofern sah der Minister keine Notwendigkeit, die Rahmenbedingungen zu ändern. Wie Grupp war er der Auffassung, dass unternehmerisches Handeln nicht allein von Gewinnmaximierungsabsichten getrieben sein dürfe. Um der Gemeinwohlverpflichtung verstärkt Geltung zu verschaffen, setze sich die Bundesregierung für die Förderung der Unternehmenskultur im Sinne der sozialen Marktwirtschaft ein.

Diese Antwort aus Berlin stellte den Burladinger Mittelständler nicht zufrieden, unter anderem weil er oft genug erleben musste, wie dreist vermögende, etwa in der Schweiz lebende Inhaber die Möglichkeiten des deutschen Insolvenzrechts ausnutzten. Als plastisches Beispiel hatte Grupp das Schicksal des Wäscheproduzenten Schiesser vor Augen, der Anfang 2009 Zahlungsunfähigkeit gemeldet hatte. Es stand die Option im Raum, dass der bisherige Inhaber nach Abwicklung des Insolvenzverfahrens, das die Firma auf Kosten der Allgemeinheit von mannigfaltigen finanziellen Belastungen wie auch den Pensionsrückstellungen befreite, den Betrieb erneut übernehmen und fortführen könne. Dass so etwas möglich ist, hält Grupp für einen Skandal. Er sieht sich als der Anständige, der gegenüber windigen Konkurrenten das Nachsehen habe. Minister Schäuble, der die Verärgerung erneut brieflich mitgeteilt bekam, reagierte ungehalten. Spitz empfahl er Grupp, er möge sich an seine Unternehmerkollegen direkt wenden, wenn er bei ihnen moralische Grundlagen ihres Handelns vermisse.

Spitzenpolitiker der von ihm mit Vorliebe gewählten CDU attackiert Wolfgang Grupp schon mal mit seinen Briefen oder indem er die Medien instrumentalisiert. Das belegen die mit Wolfgang Schäuble geführte Korrespondenz und gelegentliche Reibereien mit südwestdeutschen Landespolitikern. Die Liberalen lassen Grupp gewähren und spenden ihm in der Regel nicht mehr als ein beifälliges Kopfnicken in der Talkshow. Mehr muss nicht sein, weniger auch nicht.

Den Sozialdemokraten und Gewerkschaften dürfte es gefallen, dass mit dem Trigema-Inhaber ein Mittelständler publikumswirksam gegen gängige Praktiken von Wirtschaftsführern auftritt. Als besonders erfreulich müssten sie die von Wolfgang Grupp vielfach bekundete Befürwortung des Mindestlohns empfinden, gegen den Christ- und Freidemokraten Position beziehen. Da ist er eine Ausnahme, denn nur ganz wenige Unternehmer – wie etwa der Gründer der Münchener Reinigungsfirma Sasse AG, Eberhard Sasse – erkennen einen Systemfehler darin, dass selbst wenn sie ihren Mitarbeitern Tariflöhne zahlen, eine Aufstockung durch Hartz-IV-Leistungen notwendig ist, um den Lebensunterhalt zu sichern. Der Burladinger ist vollkommen davon überzeugt, dass am Mindestlohn nichts vorbeiführt. Schließlich ist der bereits in zwanzig Ländern der Europäischen Union etabliert worden, um sicherzustellen, dass es einen Abstand zwischen niedrigen Löhnen und dem vom Staat garantierten

Existenzminimum gibt. Aber auch bei diesem Reizthema hält sich die SPD in ihrer Resonanz eher bedeckt. Da spendet Die Linke dem Unternehmer schon vernehmlicher Beifall, sei es im Wahlkampf 2009 durch Oskar Lafontaine oder auch durch niedrigere Chargen der sozialistischen Partei. Dabei kann man sich leicht vorstellen, wie es im Kreis der Konservativen wirkt, wenn der rote Parteiführer einen der Ihren weithin sichtbar auf den Schild hebt. Nicht wenige Unternehmer distanzierten sich schon längst von Grupp, nicht nur wegen seiner Mindestlohnpredigten, sondern wegen seiner wiederholten Anschuldigungen, sie würden für ein paar Prozent Steuervorteile ihre Heimat verkaufen.

Alle politischen Akteure scheinen zu wissen, dass Grupp nicht wirklich integrierbar ist. In welches Lager gehört er eigentlich? Diese für die Politik entscheidende Frage lässt sich nicht eindeutig beantworten. Daher bleibt er weitgehend allein mit seinen Forderungen nach Anstand, Verantwortung und Vorbildern in der Wirtschaft. Dass diese Positionen nicht an der Spitze, sondern in der Breite Gehör finden und Grupp eine gewisse Popularität einbringen, macht es nicht einfacher, mit ihm umzugehen. Wer will ihn wirklich umarmen, wo doch die Gefahr besteht, dadurch in irgendeiner Weise mit der *political correctness* zu kollidieren? Grupp will nicht in die weite Welt, sondern begnügt sich in geschäftlicher wie privater Hinsicht mit seiner Heimat auf der Schwäbischen Alb und der Jagd im Allgäu. Er ist wertkonservativ und sucht nach Vorbildern, aber er scheut sich gleichzeitig nicht, seinen Vorteil in einer Weise zu erkämpfen, die in ihrem patriarchalischen Führungsstil manchem nicht vorbildlich, sondern altbacken, geradezu frühkapitalistisch erscheint.

Es entbehrt nicht einer gewissen Komik, dass konservative Politiker und Managementgrößen Grupps Art als wohlfeilen Populismus abkanzeln. Oft gelingt es dem so Gescholtenen, vielen Leuten »aus der Seele« zu sprechen. Hat er dem Volk aufs Maul geschaut, wie es eigentlich die Boulevardpresse für sich reklamiert, indem sie sich in ihrer Selbstrechtfertigung zu »Volkes Stimme« aufschwingt? Nein, Grupp spricht aus, was er empfindet und denkt. Manchmal ist es wie bei der Haftungs-, Insolvenz- und Steuerthematik so komplex, dass ihm wohl keine Stammtischrunde folgen könnte. Da ist Grupp er selbst, unverstellt und authentisch. Dass sein Auftreten begrüßt und durch Sympathiebekundungen honoriert wird, stellt ihn weit über das Gros der Unternehmer und Repräsentanten der Wirtschaft. Vielleicht können sie ihn deshalb beim Bundesverband Deutscher Industrie und anderen Institutionen nicht so recht leiden.

Der Advokat seiner selbst reitet sein eigenes Pferd auf eigenen Wegen. Sie sind mittlerweile hinlänglich bekannt und wenig überraschend. Dennoch sind die Themen und die von ihm entwickelte Art ihrer Präsentation weiterhin voller Originalität. Schließlich ist und bleibt es ungewöhnlich, dass jemand im exklusiven Maßanzug mit allen Insignien des Wohlstands nach dem Mindestlohn ruft. Grupp gefällt sich in dieser Rolle, tritt in die Öffentlichkeit, schreibt den Obersten in Verbänden und Politik. Er ist ein Rufer in der Wüste des modernen Wirtschaftens, die mit ihren platzenden Spekulationsblasen und schier unaussprechbaren Milliardenlöchern das Grundvertrauen schwer erschüttert hat. Der bekennende Katholik mit jesuitischer Schulbildung fordert Anstand im Geschäftsgebaren und die Abkehr vom Shareholder-Value-Denken, denn darin sieht er den drohenden

Ruin der Gesellschaft. Ob sein Rufen wirklich einmal dort auf offene Ohren trifft, wo es etwas bewirken könnte? Das ist zu bezweifeln, denn dazu fehlt es an Integrierbarkeit dieser energischen Stimme. Vor Ort, in seinem engsten Wirkungskreis des Betriebs und seiner Familie, kann Wolfgang Grupp die Dinge nach seinem Willen gestalten. Dort findet er die von ihm ersehnte Anerkennung und Erfolg – mit einem Wort: Erfüllung.

Produktionsstandort Deutschland

1976, in dem Jahr, als Wolfgang Grupp seinem Vater als Inhaber von Trigema nachfolgte, verlagerten Adidas und Puma wichtige Teile ihrer Produktion ins Ausland. Sie wollten mit diesem Schritt ihre Profitabilität steigern, denn die Löhne für Näharbeiten waren im Ausland wesentlich billiger als in Süddeutschland. Die Ladenverkaufspreise der Waren wurden allerdings nicht gesenkt. Die damit geöffnete Schere stellte die eigentliche Verlockung für die Hersteller dar: Trotz der erhöhten Kosten für Verwaltung und Logistik wuchs ihre Gewinnspanne kräftig an. Wie die Lemminge zogen die Herren der deutschen Textilbranche nach Süden und Fernost, suchten dort Partner für die Lohnfertigung oder bauten gar eigene Werke auf. So beschäftigte ja auch Trigema von 1972 bis 1979 eine Lohnfertigung in Hongkong, die, solange die Nachfrage anhielt, mit Walt-Disney-Motiven bedruckte T-Shirts für zwei Mark Stückkosten produzierte.

Auf die Verlegung von Adidas und Puma ins Ausland reagierte Wolfgang Grupp mit einer kleinen Frechheit: Sogleich textete er einen neuen Werbeclaim für seine Firma: »Deutschlands größter Sport- und Freizeitbekleidungshersteller«. In der Tat war Trigema dies seit der Abwanderung der Produktionsstätten der großen Sportartikelfirmen. Heute ist das Burladinger Unternehmen der größte deutsche Textilhersteller überhaupt. Niemand hierzulande beschäftigt mehr Leute in der Textil- und Bekleidungsproduktion. Der Sockenspezialist Falke aus dem sauerländischen Schmallenberg liegt hinsichtlich der Mitarbeiterzahl in Deutschland nahezu gleichauf, doch das Gros der mittlerweile bis zur Funktionsunterwäsche ausgeweiteten Produktion ist in Ungarn, Portugal und Südafrika ansässig.

Die übrigen Firmen, allen voran Hugo Boss, Gardeur oder Gerry Weber, haben in Deutschland lediglich das belassen, was branchenintern »Systemköpfe« heißt. Hier sitzen Geschäftsleitung, Kreative, Marketing und Vertrieb sowie vielleicht noch eine Schneiderei für die Herstellung von Musterkollektionen. Die eigentliche Herstellung geschieht im Ausland. Eben deshalb stammen heutzutage lediglich zwei Prozent der Bekleidung, die in der Bundesrepublik gekauft wird, aus inländischer Produktion. Zu Recht kann Trigema also mit seinen knapp zwölfhundert Beschäftigten den Titel des größten Textilherstellers im Lande zu Werbezwecken nutzen. Es ist allerdings ein Titel mit bitterem Beigeschmack wenn man sich vor Augen führt, dass zu Beginn der sechziger Jahre noch 1,2 Millionen Leute in der Branche allein in der alten Bundesrepublik arbeiteten. Und von den dreihundertzwanzigtausend Kräften der DDR-Textilindustrie sind heute nur noch etwa dreizehntausend tätig.

Die bruno banani underwear GmbH beschäftigt an ihrem Firmensitz in Chemnitz nicht einmal ein Zehntel der Belegschaft von Trigema. Im sächsischen Stammwerk wird neuerdings nur noch Herrenwäsche und Bademode genäht. Die Damenwäsche produziert eine Albstädter Firma in Lizenz für die Sachsen, die sich berechtigterweise aufs »Made in Germany« berufen können. Damit startete man auch ursprünglich, als der bis dahin in der schwäbischen Textilindustrie tätige Wolfgang Jassner und ein sächsischer Partner 1993 mit bruno banani einen Neuanfang in Chemnitz wagten. Dort gab es nach der Auflösung des Volkseigenen Betriebs »Trikotex« für dessen mehr als zweitausend entlassene Mitarbeiter kaum eine Anschlussmöglichkeit in der Textilbranche. bruno banani wurde eine, allerdings startete man nur mit einem Dutzend Arbeitskräften.

Nach Einschätzung der Gründer genügte das »Made in Germany« bei weitem nicht, um zu bestehen. Es konnte nur ein Teilaspekt der Unternehmensstrategie sein, die darauf abzielte, eine eigenständige Marke zu etablieren. Dabei half eine Werbeagentur aus Herrenberg bei Stuttgart, die auffällige und frech-frivole Kampagnen entwickelte. Qualität, kurze Lieferfristen und modisch anspruchsvolle Produkte musste man garantieren. Nur dann konnte bruno banani zu einer für kaufkräftige Kreise interessanten Marke werden. Wie aber kommt man mit Herrenunterwäsche ins Gespräch? Die Agentur beabsichtigte, »einen Markt zu erregen«, etwa indem sie 1998 auf die Idee verfiel, eine Garnitur den Kosmonauten der russischen Weltraumstation MIR mitzugeben. Bordingenieur Nikolai Budarin unterzog die Wäsche einer Weltraumtauglichkeitsprüfung, worauf die Chemnitzer Firma damit warb, ihre Slips und Shirts seien als Einzige im All getestet worden. »First Designer Brand in Space« lautete der Claim, mit dem vor allem junge Leute als Zielgruppe angesprochen wurden.

Um das Image der Marke aus Sachsen mit dem kuriosen, italienisch klingenden Kunstnamen in Schwung zu bringen und ihr einen Kultstatus zu verleihen, wurde eine ganze Serie superlativ anmutender Werbeaktionen mit Snowboardern, Bungeespringern, Mount-Everest-Besteigern und Tiefseetauchern entwickelt. Die Werbeagentur von bruno banani ging sogar so weit, treffend gezeichnete deutsche Spitzenpolitiker in der Unterwäsche zu präsentieren und 2009 eine Unterhosen-»Abwrackprämie« zur Umsatzankurbelung beim Kauf von Wäschegarnituren zu erfinden. Diese werbliche Kreativität hat insoweit gefruchtet, dass bruno banani den Fuß auf internationale Märkte setzen konnte und darüber hinaus zu einer Marke mit bemerkenswert breiter Produktpalette wurde. Im Angebot finden sich etwa Duftwässerchen, Jacken, Schuhe, Hüte, Uhren und sogar Mininotebooks. Die in zahlreichen Herstellungsländern produzierte Ware wird mit dem Label der Firma versehen und beispielsweise über den Hamburger Otto-Versand vertrieben. Der Exportanteil spielt mit etwa einem Viertel des Umsatzes eine große Rolle. bruno banani hat es binnen weniger Jahre vom neu gestarteten Textilhersteller zur »Lifestyle-Marke« geschafft, was sehr ungewöhnlich ist. Die Umsätze wachsen bislang jedes Jahr spürbar. Dazu trägt natürlich auch die Unterwäsche aus der Chemnitzer Näherei bei, doch zum größten Teil beruht das Geschäft auf den marketinggesteuerten Lizenzprodukten und nicht mehr auf der heimischen Textilherstellung. bruno banani sieht sich bei der Wäsche nicht als Konkurrent von Trigema, sondern von Calvin Klein und Hugo Boss.

Die Burladinger dürfte nicht irritieren, dass die Sachsen damit werben, die »schnellste Unterhose der Welt« oder crashtestresistente Wäsche zu produzieren. Sie haben ganz andere Zielgruppen im Auge, nämlich bislang vornehmlich solche, die auf das Thema »deutsche Arbeitsplätze« anspringen. Seit 2008 stehen an der Autobahn, etwa bei Hamburg, Kassel, Frankfurt und Leipzig, großflächige Werbetafeln, auf denen die Schwaben mit einer neuen Botschaft für sich werben: »Ein Zeichen von Stil« ist dort unter dem blau-roten Trigema-Logo zu lesen.

Über Geschmack lässt sich bekanntlich streiten, doch wie steht es mit dem Stil? Der Werbeclaim würde weitaus besser zu einem edlen Füllfederhalter passen, zu einer Glashütter Uhr, zu gestärkten Umschlagmanschetten oder einem handgefertigten Schuh. Stil, das wäre bei Damenunterwäsche ein Attribut, das am ehesten den verspielten Modellen in Dessousläden zugedacht würde, aber nicht der Ware in den überaus schlicht ausgestatteten Trigema-Testgeschäften. Dort fällt der unaufgeregte Charakter des Angebots auf. Schnitte, Farben und Stoffe scheinen auf einen Breitengeschmack ausgerichtet, auf Kunden, die Bungeespringen höchstens gelegentlich im Fernsehen verfolgen.

Was Kunden in den Trigema-Testgeschäften suchen, sind solide Qualität und die Möglichkeit, in ruhiger Umgebung einzukaufen. Grupps Kunden können nachvollziehen, dass das »Made in Germany« seinen Preis hat, und legen dafür nicht wenig Geld auf den Tisch. Daher sind Schnäppchenjäger hier genauso fehl am Platze wie Jugendliche mit dem kleineren Budget, deren modische Shoppingträume von H&M, Mango oder Tally Weijl erfüllt werden. Sie scheint die Trigema-Werbung und die Betonung des Erhalts von Arbeitsplätzen in Deutschland nicht anzusprechen. Ein Blogger, der den Burladinger im März 2010 bei Maischberger im Fernsehen erlebte, bringt diese Haltung zugespitzt auf den Punkt: »Allein dieser unsäglich bescheuerte Schimpansen-Werbespot kostet mehr Umsatz bei jeder Zielgruppe unterhalb der Stützstrumpfgeneration, als Herrn Grupp verständlich sein dürfte. Schade eigentlich.« – Auch wenn das eine freche Formulierung sein mag, so weist sie doch auf einen wesentlichen Aspekt hin: Trigemas bei weitem größte Kundengruppe dürfte älter sein, als dem Unternehmen in mittel- und langfristiger Betrachtung seiner Marktchancen lieb ist. Das »Made in Germany« gerät in sehr vielen Branchen mehr und mehr in den Hintergrund, sodass es allmählich zum musealen Bestandteil der deutschen Wirtschaftsgeschichte wird. Wie lange trägt das noch, gerade in der Textilbranche?

Gegenwärtig stehen an der Spitze der Attraktivitätsskala der Einkaufswilligen die aufwändig gestylten Flagship Stores und Geschäftspassagen der Innenstädte, wo sich in einem enormen Wettbewerb ein großes Angebot gängiger Mode mit teuren Edelmarken mischt. An der Peripherie der kleinen Gemeinden in Südwestdeutschland, dort, wo die meisten Testgeschäfte der Burladinger angesiedelt sind, oder aber in einigen Urlaubsorten an Nord- und Ostseeküste winkt oftmals ein aufgeblasener Schimpanse vom Dach und wartet auf Kundschaft, die im Trigema-Deutsch mit »Hallo, Fans« begrüßt wird.

Wer bei Rostock die Autobahn verlässt und auf den Darß oder an die Boddenküste fährt, passiert an der Bundesstraße 105 bei Rövershagen zur Linken eine Ansammlung zusammengewürfelter Bauten und großer Parkplätze. »Karls Erlebnis-Dorf« heißt das seit Jahren wachsende Konglomerat, das einst als »Erdbeerhof« begann. Jetzt lockt es das ganze Jahr über mit verschiedenen Attraktionen. Vor allem in der Urlaubersaison tummeln sich hier täglich viele hundert Familien. Man kann durchs Maislabyrinth irren, Ponys reiten, eine offene Holzofenbäckerei bewundern oder eben ganz einfach einkaufen in »Deutschlands größtem Bauernmarkt«, wie es der Betreiber darstellt. Dessen Angebot landestypischer Spezialitäten wie Sanddornmarmelade, Räucherfisch oder Wild ergänzen Obst und Gemüse, Keramik und Geschenkartikel. Abgerundet wird das auf ein breites Kundenspektrum ausgerichtete Angebot seit kurzem auch durch ein Factory Outlet der Modekette Closed – und von Trigema.

Auf dem flachen Giebeldach des Ziegelgebäudes sitzt nicht wie andernorts der aufgeblasene, meterhohe Schimpanse. Er wäre von der Bundesstraße aus gut sichtbar, aber es ist wohl zu windanfällig in der Gegend. Vermutlich werden hier nur die wenigsten wegen preisgünstiger Textilien einen Stopp einlegen. Aber beim »Erlebnis-Dorf«, das Erdbeerbauer Robert Dahl seit 1992 aufbaute, gehört alles zusammen, was Kundschaft anzieht. Die Grupps mussten mit dem umtriebigen Unternehmer aus Schleswig-Holstein einen Zehnjahresvertrag abschließen. Voraussichtlich wird er sich für sie auszahlen, auch wenn das Kundenaufkommen in dem Testgeschäft bei Rostock stark saisonabhängig ist. Das kennt die schwäbische Firma bereits von ihren Läden in Neustadt an der Lübecker Bucht und an der Nordsee in Büsum und Tinnum, wo der Vorteil darin liegt, dass es dank der Urlauber einen konstanten Kundenwechsel gibt. Zudem wollten die Grupps auch in den neuen Bundesländern Flagge zeigen. Ihre Zielgruppe muss Kaufkraft in der Tasche haben. An der mangelt es aber offenkundig in Brandenburg, Sachsen-Anhalt oder Thüringen. Lediglich in Rövershagen hat Trigema bislang den Sprung über die ehemalige innerdeutsche Grenze gewagt. Wenn eigens eine Immobilie für das Testgeschäft errichtet werden muss, nimmt die Firma mehr als 1,5 Millionen Euro in die Hand. Ist diese Investition abgeschlossen, benötigt man letztlich vor Ort keine weitere Werbung mehr. Offenbar ziehen der bis zu fünfzigtausend Euro teure Zwanzig-Sekunden-Spot mit dem Affen und der immer mal wieder über Minuten zum Nulltarif im Talkshowsessel argumentierende Inhaber genug Kundschaft an.

Burladingen war einst das größte Dorf Hohenzollerns. Seit 1978 ist es eine aus verschiedenen Ortsteilen zusammengesetzte Kleinstadt, in deren Hauptort, nach dem sie benannt ist, knapp die Hälfte der rund zwölfeinhalbtausend Einwohner leben. Von Hechingen im Norden führt die eingleisige Hohenzollernbahn durch das früher für seine Peitschenproduktion berühmte Killertal über Burladingen Richtung Süden bis zur ehemaligen Residenzstadt Sigmaringen. Diese Gegend wird vornehmlich von Katholiken bewohnt. Entsprechend stehen vor und hinter Burladingen Kruzifixe und Kapellen an der Straße sowie in den von Mischwald überzogenen Hügeln oberhalb der Ortschaften. Die heute wichtigsten Wirtschaftszweige sind die Textilverarbeitung, das Speditionsgewerbe, metallverarbeitende Betriebe, ein Sägewerk, ein Betonwerk und einige Baufirmen.

Die kleine Stadt besitzt kein passables Hotel, und auch die Gastronomie lässt sehr zu wünschen übrig. So bietet das *China-Haus* »100 Spezialitäten«, und ein paar Hausnummern weiter wird das Schnitzel mit Pommes frites für nur fünf Euro feilgeboten. Die Geschäfte entlang der Hauptstraße decken den Grundbedarf: Schlecker, Edeka, Rewe, Aldi und Lidl sind vertreten, ein Metzger wirbt mit dem Slogan »tierisch gut« um Kundschaft. Daneben finden sich mehrere Bäckereien, Sonnenstudios und Tankstellen sowie Volksbank und Sparkasse. Das würdigste Gebäude an der langgestreckten Hauptstraße ist das Rathaus, in dessen erstem Stock der parteilose Harry Ebert seit 1999 amtiert. An dem nach Süden gewandten Hang des breiten Tals stehen ordentliche Eigenheime aus den vergangenen hundert Jahren, überhaupt ist es, trotz unübersehbarer Bescheidenheit der meisten Häuser, eine gediegene Gegend. Die politische Ausrichtung ist so konservativ, dass es vor allem Vertreter von CDU und Freien Wählern in den Gemeinderat schaffen. Dementsprechend bekommen die Sozialdemokraten und Gewerkschaften in dieser Region kaum einen Fuß auf den Boden.

Den Trigema-Werbespot mit dem Affen findet Bürgermeister Ebert zwar »daneben«, aber sonst lässt er auf Wolfgang Grupp nichts kommen. Er weiß wie kein Zweiter um die Bedeutung der Fabrik für das Städtchen, in dem fast nur kleinere Arbeitgeber angesiedelt sind. Drei Jahrzehnte zuvor waren es noch acht große Textiler gewesen. Ende der neunziger Jahre blieben nur die Firmen Ambrosius Heim und Trigema, die einen andauernden Konkurrenzkampf führten. Heim beschäftigte einmal mehr als zwölfhundert Leute allein in Burladingen, dann schrumpfte die Belegschaft, auch weil die Inhaber beschlossen, in Rumänien zu produzieren. Dass die Firma trotz der Auslagerung 2000/2001 endgültig in die Knie ging und einen Schuldenberg hinterließ, war bitter für die Betroffenen, denen vor Ort kaum berufliche Alternativen offen standen.

Für Wolfgang Grupp, so ein Kenner der Verhältnisse, kam dies einer besonderen Genugtuung gleich, denn nun war er der unumstritten größte Arbeitgeber in Burladingen. Das ist bis heute so geblieben. Auf Trigema folgt mit weitem Abstand die Spedition Barth, die mehr als hundert LKW einsetzt. Trotz der kostspieligen Fahrstunde bis zur nächsten Autobahn ist es Barth ein ehrliches Anliegen, weiter dort ansässig zu sein. Der Gründer der Spedition, Rudolf Barth, wurde vor Jahren zum Ehrenbürger seiner Heimatstadt ernannt. Was das Familienunternehmen dazu bringt, am Standort im Fehlatal festzuhalten, ist auch das geringfügig niedrigere Lohnniveau. Im Stuttgarter Raum etwa wären die Mitarbeiter schlicht teurer. Nach der Spedition kommen als weitere wichtige Arbeitgeber die Stadtverwaltung und der Textilveredler Dolinschek, der in einem früheren Betriebsgebäude von Ambrosius Heim unterkam. Die Färberei befindet sich im Aufwind und beschäftigt schon achtzig Leute. Dolinschek arbeitet aber nicht für Trigema, da dort eine eigene Ausrüstungsabteilung unterhalten wird, die die Stoffe färbt. Ein wenig Konkurrenz gibt es also doch im Burladinger Textilsektor.

Der parteilose Bürgermeister regiert demnach eine ehemalige Textilhochburg, deren Mauern von den Zeitläuften arg geschliffen wurden. Wenn es geht, werden brachliegende Gewerbebauten abgerissen und die Flächen anderweitig genutzt. Ebert schätzt Grupp aus vielerlei Gründen, nicht nur wegen der Gewerbesteuer und der Kaufkraft der Trigema-Belegschaft. Die Zuwendungen aus der Kasse der Wolfgang-und-Elisabeth-Grupp-Stiftung sind für den Ort von erheblicher Bedeutung. Die 1992 eingerichtete Stiftung ist zur Stelle, wenn es um Belange in der Gemeinde geht, seien es ein Rettungswagen für das örtliche Rote Kreuz oder zinslose Darlehen für in Not geratene Personen. Darüber hinaus traf man vor einigen Jahren eine nachhaltige Vereinbarung: In Burladingen gibt es ein stark ausgeprägtes Vereinswesen. Die hundertdreißig Vereine verfügen zum Teil nicht über adäquate Räumlichkeiten, sodass die Stadt die Errichtung einer größeren Sporthalle anstrebte. Für das kostspielige Projekt stellte die Grupp-Stiftung eine Million Euro zur Verfügung. Ohne diese Finanzspritze wäre der klammen Gemeinde der Neubau mit drei Sportfeldern kaum möglich gewesen. Bei ihrer Einweihung soll die Halle den Namen Trigema-Arena erhalten.

Ebert ist voll des Lobes und sagt über Grupp: »Der schwätzt nicht, sondern er tut was.« Dass der Unternehmer im Gegenzug gewisse Erwartungen hegt, wurde dem Bürgermeister bei mehr als einer Gelegenheit deutlich, etwa bei der großformatigen Imagebroschüre, die die Stadt produzierte, um den Tourismus anzukurbeln. Auf der Titelseite laufen zwei jubelnde Kinder über die Wiese und werben damit für »Burladingen – auf der Sonnenseite der Schwäbischen Alb«. Ein paar Stunden nach der Auslieferung rief Grupp in Eberts Büro an. Er monierte beim Bürgermeister, dass die Kinder auf dem Titel T-Shirts und Hosen trugen, die nicht von Trigema stammten. Das wurmte ihn! Daran hatten die Gestalter der Broschüre nicht gedacht, als sie das Agenturfoto mit den Kindern vor blauem Himmel auswählten. Ebert versicherte dem verärgerten Unternehmer, bei der nächsten Auflage würde man Abhilfe schaffen und eigens Kinder in Kleidung aus der Trigema-Kollektion ablichten. – So kann eine kommunale Win-win-Situation aussehen.

Solchen Kabbeleien misst Ebert allerdings keine Bedeutung bei. Er schätzt Grupp als bodenständigen Patriarchen, der mit viel Energie an seiner unternehmerischen Strategie festhält und damit die Existenz von mehreren hundert Familien sichert. Gelegentlich wird zwar in Burladingen am Stammtisch darüber debattiert, ob der Textilhersteller nicht zu karge Löhne zahle, aber da schließt sich das Stadtoberhaupt nicht an. Aus seiner Sicht hat es Grupp in den vergangenen Jahrzehnten bis zur Gegenwart »richtig gemacht«. Er weiß, wie die Konsequenz aussähe, wenn der Betrieb scheitern oder abwandern würde: »Wenn Trigema zumacht, dann klappen wir hier die Gehsteige hoch.«

Schon seit langem entwickelt sich die Bevölkerungsstatistik der Stadt rückläufig. Im letzten Jahrzehnt verlor sie fünf Prozent ihrer Einwohner. Vor allem jüngere Berufstätige ziehen Richtung Stuttgart, weil Burladingen nur beschränkte Erwerbsperspektiven bietet und das tägliche Pendeln mit Fahrtzeiten von über einer Autostunde pro Strecke zermürbend ist. Auch Reutlingen und Tübingen ziehen an, sodass die Schwäbische Alb einen stetigen Schwund zu verzeichnen hat. Wie vermag man diese Entwicklung zu bremsen? Vielleicht ein wenig dadurch, dass die Lebensqualität am Wohnstandort Burladingen erhöht wird, wozu die neue Sporthalle beitragen kann. Vor allem aber gilt es, den wichtigsten Unternehmer des Ortes bei der Stange zu halten.

Bürgermeister Ebert pflegt den guten Draht zu seinem einflussreichsten Bürger. Er sieht ihn positiv und sagt: »So, wie er sich gibt, so ist er auch wirklich, in der Firma und im Privaten.« Daher kann er ihn gut einschätzen und mit ihm in verschiedenen Bereichen kooperieren. Dass Grupp gelegentlich dezidierte Vorstellungen zur Gemeindepolitik äußert, kann nicht verwundern. In Anspielung auf das Filmporträt des Südwestrundfunks über Wolfgang Grupp meint Ebert, nicht der Trigema-Chef, sondern er selbst als Bürgermeister sei der wirkliche »König von Burladingen«. Der Titel kam von außen, aus der Redaktion des Fernsehsenders. In dem Städtchen im Fehlatal wird er meist »der Grupp« oder, fami-

Alle unter einem Dach: die Betriebsfamilie feiert mit Jubilarsehrungen und Würdigung der Inhaberfamilie

liärer, »Wolfgang« genannt, je nachdem, wie nahe man ihm steht oder ob man für ihn arbeitet. Schließlich ist der Unternehmer leutselig. Die meisten seiner Mitarbeiter kennt er beim Namen und lädt sie zu Betriebsfesten oder Geburtstagen ein, sodass er inmitten von zwölfhundert Gästen feiert. Das ist der Unterschied zum höfischen Dasein, wo seine Majestät vom Volk entrückt lebt.

Gern hätte der Bürgermeister mehrere tatkräftige und sozial verantwortlich agierende Arbeitgeber von Grupps Kaliber in der Gemeinde. Denkbar ist es aber kaum, dass sich hier ein weiteres Unternehmen ähnlicher Größenordnung ansiedeln wird. Schnelle Datenleitungen gibt es mittlerweile, doch das genügt beileibe nicht, denn Firmen benötigen vor allem günstige Verkehrsanbindungen. Ebert weiß, dass dieses Manko seiner Stadt auf Dauer zu schaffen machen wird. So hofft er darauf, dass Grupp, den er als »Unternehmer mit Weitblick« betrachtet, noch mehrere Jahre die Geschicke Trigemas lenkt. Aufmerksam und erfreut registriert das Stadtoberhaupt, dass der Inhaber in den Talkshows seine selbst auferlegte Verpflichtung äußert, die Firma mitsamt ihren Arbeitsplätzen zu erhalten. Ebert weiß, dass Grupp sich damit unter Druck setzt, denn er würde sehr viel tun, um einen Gesichtsverlust zu vermeiden. Somit ist das gebetsmühlenartig wiederholte Bekenntnis zum Produktionsstandort auf der Schwäbischen Alb ein Signal für Ebert, dass die Gehsteige dort bleiben können, wo sie sind.

Nachhaltigkeit

Großunternehmen, die sich mit Vorliebe in selbstbewusster Manier als Marktführer ihrer Branche bezeichnen, haben seit einigen Jahren das Thema Corporate Social Responsibility auf der Agenda. Hinter dem Kürzel CSR steht das ehrenwerte Bestreben, innerhalb der Gesellschaft verantwortlich und damit vorbildlich zu agieren. Eigenartig, dass dies überhaupt betont werden muss, könnte man meinen. Doch in den Zeiten des ganz oben auf der Prioritätenliste stehenden Shareholder-Value und der auf kurzfristige Profitmaximierung ausgerichteten anonymen Finanzinvestments scheint es in den Chefetagen und Kommunikationsabteilungen der Großen angeraten zu sein, das eigene Handeln durch CSR-Maßnahmen aufzuwerten – nicht zuletzt, weil dadurch das Image verbessert und die Akzeptanz bei potenziellen oder bestehenden Kundenkreisen gesteigert werden kann. So gibt beispielsweise die Deutsche Bank viel Geld für CSR aus. Sie hat sogar eine eigene Abteilung eingerichtet, die in Projekte aus den Bereichen Kultur, Bildung und Soziales investiert sowie Nachhaltigkeit im Umgang mit ihren Kunden anstrebt und ehrenamtliche Tätigkeiten eigener Mitarbeiter fördert. Damit will das Kreditinstitut seine Stellung als »verantwortungsbewusster Unternehmensbürger« in der Gesellschaft dokumentieren. Das vor einer Dekade noch vorwiegend betriebene Sponsoring von Ausstellungen und Kulturevents scheint zur Imagepolitur nicht mehr auszureichen.

Ein derartiges CSR-Engagement liegt bei vielen Konzernen im Trend. Allerdings macht die schlechte Presse, die ein vor Selbstbewusstsein strotzender Vorstandschef nach einem forschen Statement bekommt, mit einem Schlag das Bemühen zahlloser Mitarbeiter in der Unternehmenskommunikation zunichte. Wenn Managervergütungen exorbitant ausfallen und parallel zu hohen Unternehmensgewinnen der weitere Abbau von Arbeitsplätzen angekündigt wird, bleibt dies im öffentlichen Gedächtnis haften. Dass gesellschaftliche Verantwortung anders buchstabiert wird, stellte eine Untersuchung des Nürnberger Marktforschungsinstituts Puls heraus. Gefragt wurden eintausend zufällig ausgewählte Personen, welches deutsche Unternehmen ein vorbildhaftes sozialverantwortliches Verhalten praktiziere. Die Ergebnisse wurden Ende 2006 unter dem Namen »Moralbarometer Deutschland« veröffentlicht.

Dreiviertel der Befragten konnten überhaupt kein Unternehmen nennen. Die anderen aber hatten einen Favoriten: An der Spitze des Rankings stand Trigema! Nicht allein das überraschte, sondern auch der beachtliche Vorsprung vor großen Firmen wie VW, BMW, Siemens, Porsche, Daimler, Bosch, der Drogeriekette DM und etwa Ikea. Banken waren niemandem eingefallen. Dagegen wurde, wenn auch marginal, sogar Aldi erwähnt. Die Studie ergab, dass Kunden gern bereit wären, für Produkte bis zu zehn Prozent mehr zu bezahlen, wenn sie wüssten, dass der Anbieter höhere Sozialverantwortlichkeit zeige als die Konkurrenz. Dabei ging es vorrangig um die Sicherung der Arbeitsplätze sowie um gerechte Löhne, Ausbildungsplätze, gutes Betriebsklima, flexible Arbeitszeiten, Kinderbetreuung und Mutterschutz. Bemerkenswerterweise spielten Umweltschutzaspekte für die Befragten die geringste Rolle.

Bei der Analyse der Studienergebnisse kam heraus, dass kleineren regionalen Unternehmen ein höherer Vorbildbonus attestiert wurde als den Konzernen. Der Mittelstand agiert demnach in der öffentlichen Wahrnehmung am verantwortlichsten. Da aber niemand so offensiv wie Trigema unter Bezug auf die Arbeitsplatzsicherung für sich wirbt, bleibt die Kenntnis davon regional begrenzt. Offenbar zahlt sich Wolfgang Grupps Strategie für seine Firma aus. Um fünf Uhr beginnt die erste Schicht der Näherinnen, mittags folgt die zweite, die wegen der Pausen bis zweiundzwanzig Uhr dauert. Außerdem gibt es Frauen, die das Angebot flexibler Arbeitszeiten nutzen und zu ihrer Wunschzeit beginnen. Pro Jahr stellt die Konfektion der drei Trigema-Fabriken acht Millionen Kleidungsstücke her. Grupp weiß, dass der Export seiner Ware schwierig ist, und erklärt salopp, wenn nur jeder zehnte Bundesbürger pro Jahr ein Stück kaufe, sei die gesamte Produktion vom Hof. Die Rechnung, die der Schwabe aufmacht, hat etwas Bestechendes: Mit dem Werbespot in der ARD wird eine große Käuferzielgruppe erreicht, die es vermutlich begrüßt, dass Produktionsarbeitsplätze in diesem Land bewahrt werden. Die Studie von 2006 dokumentiert eindrucksvoll, wie mit einem konstanten, aber überschaubaren Werbeaufwand eine Botschaft in die Breite transportiert wird und dann zu einer nachhaltig positiven öffentlichen Wahrnehmung führt, die der Firma nützt.

Es scheint für andere Unternehmen allerdings nicht möglich, diese werbliche Strategie zu adaptieren. Autohersteller etwa bemühen sich schließlich darum, vorrangig die Idee der Mobilität sowie Stil, Image und Qualität ihrer Fahrzeuge zu vermarkten. Der Hinweis auf Arbeitsplätze müsste bei sämtlichen deutschen Anbietern unglaubwürdig wirken, da ihre Zulieferer und Produktionsstätten in aller Welt verteilt, mithin völlig globalisiert sind. In der international operierenden Finanz- und Dienstleistungsbranche bietet es sich noch weniger an, sich auf das Thema Arbeit am Standort Deutschland zu beziehen, zumal jedem aufmerksamen Betrachter ekannt ist, wie schnell dort Mitarbeiter üblicherweise »freigesetzt« werden, wenn die Nachfrage sinkt und Restrukturierungen anstehen.

Ein in Deutschland tätiger Mittelständler hat demgegenüber eine weitaus bessere Position, da sein Auftreten transparenter ist und dadurch auf seine potenziellen Kunden verlässlich wirkt. Dass Trigema solch ein CSR-Ranking anführt, ist kein Zufall. Es ist ein Beleg dafür, dass die sozialverantwortlich deklarierte Geschäftspolitik des Inhabers als authentisch angesehen und entsprechend honoriert wird. Das erscheint als ein beträchtlicher Vorteil im Marktgeschehen, der wesentlich dazu beiträgt, dass die Ware aus Burladingen Kunden findet. Auch diese Glaubwürdigkeit ermöglicht den Fortbestand der Firma.

Bei Trigema ist man von der Strategie überzeugt, mittels überdurchschnittlicher Produktdetails, vor allem Stoffqualität und Farbtreue, und durch die Herstellung am deutschen Standort Nachfrage zu erzeugen. Ein kleines Unternehmen, das hier in einer auffälligen Parallelität agiert, ist die Lunge Lauf- und Sportschuhe GmbH. Ulf und Lars Lunge betreiben mehrere Fachgeschäfte für leistungsorientierte Läufer.

Seit Oktober 2007 werden in einer eigenen Manufaktur in Mecklenburg Laufschuhe hergestellt. Lars Lunge erklärt diese heute in Deutschland ungewöhnliche Produktion in einer Weise, die von Wolfgang Grupp stammen könnte: Die in dem Zweihundert-Einwohner-Örtchen Düssin gefertigten Sportschuhe seien mit ihren Leistungsmerkmalen denen der Konkurrenz überlegen. Deren Produkte, ob von Nike, Asics, Adidas, Puma oder etwa New Balance, stammen aus den über eintausend Schuhfabriken Ostasiens, vor allem Chinas. Zur Herstellung der Lunge-Modelle habe man bei der Auswahl der verarbeiteten Komponenten konsequent »ins oberste Regal« deutscher und europäischer Zulieferer gegriffen: Die Außensohle ist aus Gummi – und nicht wie bei der asiatischen Herkunft aus Thermoplast –, der scheuerbeständige Fersenschaum und das Mittelsohlenmaterial mit dauerhafteren Rückfederungseigenschaften stammen aus Deutschland, die orthopädiegerechte Innensohle besteht aus allergiefreiem Latexschaum und so fort.

Unter dem Strich ist damit der einzige in Deutschland hergestellte Laufschuh entstanden. Bisher gibt es lediglich zwei vom Design her eigenartig schlichte Modelle und seit neuestem einen Walkingschuh. Dank Öko-Tex Standard 100 sind sie im Gegensatz zu der Ware der übrigen Anbieter völlig schadstofffrei. Solch ein Highendschuh kostet etwa fünfundzwanzig Prozent mehr als die teuersten Modelle des japanischen Marktführers Asics. Der Kunde erwirbt aber ein Produkt, das langlebiger ist, umweltfreundlicher produziert wurde und beim Tragen dank seiner durchdachten, zum Teil innovativen Details mehr Bequemlichkeit bietet.

Die Lunges haben in zweieinhalb Jahren mehr als fünftausend Paare ihrer Manufakturschuhe verkauft. Auf breit gestreute Werbung verzichtet die Firma. Sie setzt stattdessen auf Mundpropaganda in Sportlerkreisen und bietet die Schuhe in den eigenen Geschäften sowie deutschlandweit im Sortiment von achtzig spezialisierten Laufsportläden an. Im direkten Vergleich mit Lunge ist Trigema ein mächtiger Großbetrieb. Er kann Millionen für die Fernsehwerbung ausgeben und darüber Kaufinteressenten wecken. Die einzige deutsche Laufschuhfabrik in Düssin geht andere Wege. Ihre durchdachte Produkteinführung belegt wie in einer Versuchsanordnung, dass es sehr wohl möglich ist, auch in anderen Segmenten der Bekleidungsindustrie in Deutschland zu produzieren und Kunden zu gewinnen.

Lars Lunge zufolge interessieren sich die Laufschuhkäufer nicht für die Arbeitsbedingungen in Fernost mit etwaiger Kinderarbeit und die im Vergleich sehr hohen Sozialversicherungsstandards in Deutschland. Dass mit dem Kauf der Manufakturschuhe Arbeitsplätze in Mecklenburg gesichert werden, scheint als Verkaufsargument wirkungslos zu sein. Bislang werden in der kleinen, aber bei entsprechender Nachfrage auf gesundes Wachstum ausgerichteten Fabrik lediglich elf Mitarbeiter beschäftigt. Darunter sind auch einige Schuhmacher und erfahrene Täschnerinnen aus Betrieben, die es einst zu DDR-Zeiten in der Region Schwerin gab.

Wenn Standortdenken und Arbeitsstandards an Bedeutung gewinnen sollten, würde die deutsche Produktion zweifellos davon profitieren. Das Gros der Kunden kauft, offenbar ohne weiter darüber nachzudenken, die Massen- und Markenware aus Fernost. Spürbar ist dennoch die zunehmende Bereitschaft, tiefer ins Portemonnaie zu greifen, wenn damit ein höherer Nutzen einhergeht. Dies hängt wesentlich vom Bewusstsein potenzieller Kundenkreise, aber natürlich auch von deren Einkommen ab. Nur wer es sich wirklich leisten kann, kauft in Deutschland hergestellte Lunge-Sportschuhe für zweihundert Euro oder Trigema-Unterwäsche. Da liegt der Schlüssel für einträgliche Geschäfte und den Fortbestand der Unternehmen. Wolfgang Grupp bringt es bei seinen Vorträgen und Talkshow-Statements regelmäßig auf eine einfache Formel: Wenn die Leute im eigenen Land angemessen bezahlte Arbeit haben, können sie auch Trigema-Ware kaufen. Nicht zuletzt deswegen tritt er als Prediger für den Produktionsstandort Deutschland auf. Uneigennützig ist der Schwabe beileibe nicht.

In jüngster Zeit ist es im Zuge der globalen Klimadiskussion in Mode gekommen, bei Konsumprodukten jedweder Art den mit ihrer Herstellung verbundenen Ressourcenaufwand zu berechnen. Wie viel Kohlendioxid entsteht etwa, wenn man hierzulande Erdbeeren aus Südspanien mitten im Winter verzehrt oder sich Tulpen aus Amsterdam auf den Tisch stellt? Die zur Produktion sowie beim Transport benötigte Energie führt zu Emissionen. Aber auch für die Herstellung wird der Rohstoff Wasser in rauen Mengen eingesetzt: Für ein Blatt Papier schlagen zehn Liter Wasser zu Buche, für eine Tasse Kaffee das Vierzehnfache davon und für ein baumwollenes T-Shirt sogar zweitausend Liter. Wer das im Detail nachvollzieht, von der Entstehung bis hin zur Entsorgung aufwändiger Produkte, und dabei akribisch auflistet, wie hoch der Verbrauch an Wasser und fossilen Brennstoffen ist, und zudem noch die Treibhausgase, gemessen in Kilogramm, vor Augen hat, könnte schlicht zum asketischen Konsumverweigerer werden. Oder er könnte einfach abschalten, weil ihn diese Rechnungen in ihrer Komplexität eher verstören als weiterbringen. Schließlich gibt es zahlreiche Gründe für konstanten Konsum, die für Wirtschaft und Gesellschaft von Belang sind. Ein probates Beispiel dafür ist die Abwrackprämie des Jahres 2009, als 1,7 Millionen noch fahrtüchtige Autos mit Subventionierung durch die Bundesrepublik verschrottet und gegen Neuwagen ersetzt wurden. In der zwiespältigen Umweltbilanz kann man darin einen Vorteil sehen, denn die technisch neueren Autos emittieren im Regelfall weniger Abgase als die älteren. Aber deren Herstellung erforderte große Mengen Energie und Wasser, was zwangsläufig eine Belastung darstellt. Für Firmen und Konjunktur ist es das Beste, wenn Produkte nach kürzerer Nutzungsfrist durch neue ersetzt werden. Für die Umwelt wäre aber eine längere Verwendung meist deutlich günstiger.

Überträgt man diese Relationen auf die Textilindustrie, dann könnte der Käufer eines T-Shirts von der Schwäbischen Alb sein grünes Gewissen pflegen, denn hier liegen Parameter vor, die gegenüber den Importtextilien immense Vorteile aufweisen. Vor allem in China verwendet die Industrie aus Kohleverbrennung gewonnenen Strom. Als Faustregel gilt, dass je Dollar Warenwert etwa zwei Kilogramm CO_2 in China emittiert werden. Hinzu kommt der Transport der Ware per Containerschiff um die halbe Welt nach Bremerhaven oder Hamburg, bis sie per LKW in den Einzelhandel in Deutschland gelangen kann. Trigema besitzt in Burladingen ein Blockheizkraftwerk, das sechzehnhundert Kilowatt Eigenstrom mittels zweier Gasturbinen erzeugt. Schließlich ist der Bedarf an Energie für den Betrieb der Maschinen und Wasserdampf in dem vierstufig produzierenden Werk – Stoffherstellung, Färben, Zuschnitt und Konfektion – beträchtlich.

Die fertigen Textilien aus den Fabriken in Burladingen, Rangendingen und Altshausen legen bis zum am weitesten entfernten Testgeschäft in Tinnum auf Sylt somit lediglich knapp tausend Kilometer im Laster zurück. Natürlich stammt die verwendete Baumwolle nicht aus Baden-Württemberg, sondern aus Griechenland, Usbekistan oder aus den USA. Die dabei entstehenden Transportemissionen lassen sich nicht vermeiden, genauso wenig wie die beim Anbau der Baumwolle benötigten erheblichen Wassermengen. Dass der Aralsee mittlerweile nur noch ein Fünftel seines ursprünglichen Volumens hat, ist eine Umweltkatastrophe, die unmittelbar mit der usbekischen Baumwollproduktion zusammenhängt. Da heute die wichtigsten deutschen Einkäufer darauf achten, dass Textilien dem Öko-Tex Standard 100 entsprechen, werden auch in entlegenen Ländern Rohstoffe wie Baumwolle mit weniger Pestiziden hergestellt, oder es kommen synthetische Fasern und Farben zum Einsatz, die den mittlerweile strengeren Anforderungen unterliegen. Gleichwohl fällt das Vertrauen des Käufers in eine Textilfabrikation auf deutschem Niveau höher aus, als wenn er weiß, dass die Jeans der Marke Bugatti in Ägypten, der Blazer von H & M in der Türkei oder das teure Hemd von Stenströms in Estland produziert wurde. Schließlich gibt es hierzulande Umweltschutzeinrichtungen und -bestimmungen, die eine teuer bezahlte Errungenschaft der Kommunen und Unternehmen sind.

Trigema ist einer von zwei nassverarbeitenden Textilbetrieben in Burladingen. Die beiden Unternehmen müssen sich die Kosten für den Unterhalt einer gewerblichen Kläranlage teilen, die einst in den siebziger Jahren in groß dimensionierten Ausmaßen gebaut wurde. In der Planungsphase waren noch acht nassverarbeitende Firmen am Ort angesiedelt, von denen die meisten ihre Kubikmeter an Abwässern aus dem Färbe- und Waschprozess hoch ansetzten. Damals hatte Grupp zu bremsen versucht und prognostiziert, eines Tages würden modernere Verfahren die Abwassermenge verringern. Doch unberührt davon und noch unbelastet von Zukunftsängsten, planten die Unternehmen mit der Kommune die Kanäle für gewerbliche Abwässer und die Kläranlage. Heute wird Trigema durch die nur noch auf die beiden verbliebenen Nutzer umgelegten Kosten stark belastet, was dem Inhaber gegen den Strich geht. Wichtig ist und bleibt, dass die von Trigema eingeleiteten Abwässer zeitgemäßen deutschen Standards entsprechend geklärt werden. Fragt sich ein Käufer von Textilien, was in der Hinsicht in Ägypten oder China geschieht? Das ist kaum denkbar.

Andreas Hoppe, dem breiten Publikum bekannt als Kommissar Mario Kopper des Ludwigshafener *Tatort*, hat 2009 ein Buch veröffentlicht, in dem er beschreibt, wie kompliziert, aber auch erfüllend es ist, sich mit Lebensmitteln zu ernähren, die aus einem Umkreis von lediglich hundert Kilometern stammen. Damit wollte Hoppe über weit verbreitete und in ihren Konsequenzen vor allem umweltschädigende Essgewohnheiten aufklären. Der Fernsehkommissar betonte die Binsenweisheit, dass der Ausstoß von CO_2 umso geringer ausfällt, je kürzer der Transportweg ist. Er hat aber auch gleichzeitig selbstkritisch bekannt, dass es schwer ist, auf liebgewordene Angewohnheiten und Produkte zu verzichten, wenn sie außerhalb des regionalen Umfelds entstehen. Wein aus Italien, Kaffee aus Costa Rica, Biomöhren aus Israel? Darauf muss derjenige verzichten, der einen höheren Maßstab an sein Konsumentenverhalten anlegt. Ob diese Kunden in Zukunft auf die Idee kommen, beim Einkauf von Textilien das Angebot von Trigema anzunehmen? Dort gibt es ja bereits seit 2008 T-Shirts, die zu hundert Prozent aus Biobaumwolle und unter Verwendung biologisch rückstandsfrei abbaubarer Farben hergestellt wurden. Trigema wirbt damit, das in Kooperation mit dem Hamburger Umweltforschungsinstitut EPEA entwickelte innovative Kleidungsstück sei besonders für Allergiker geeignet. Zudem sei es das »ökologischste Shirt der Welt«, auch wegen der Produktion in Deutschland, die die CO_2-Belastung reduziere.

»Lohas« ist ein englischer Modebegriff. Die Abkürzung für Lifestyle of Health and Sustainability steht für einen Lebensstil, der sein Konsumverhalten an Gesundheit und Nachhaltigkeit ausrichtet. Üblicherweise sind Lohas-Kunden von Bioläden und Märkten Menschen, die bewusster einkaufen und sich nicht vom möglichst niedrigen Preis anziehen lassen. Wer diesen Aufwand betreibt, hat meist eine überdurchschnittliche Bildung und ein ebensolches Einkommen. Schließlich hängt vom Budget ab, was der Verbraucher bezahlen kann. Im Alltäglichen die Messlatte höher zu hängen hatte schon immer etwas Elitäres an sich, doch auch wenn das Lohas-Kundenpotenzial gegenwärtig noch überschaubar aussehen mag, so kann sich doch daraus eine relevante Zielgruppe entwickeln. Man schätzt, dass dem Lebensstil jeder siebte deutsche Konsument mit Sympathie begegnen würde. Und allein die im vergangenen Jahrzehnt deutlichen Zuwächse im Handel mit Biolebensmitteln belegen, dass lukrative Quantensprünge möglich sind.

Zum unternehmerischen Credo Wolfgang Grupps gehört die immer wieder betonte Maxime, es sei erforderlich, am Produktionsstandort Deutschland mit seinen gegenüber dem

Ausland hohen Löhnen innovative Waren herzustellen, für die der Kunde bereitwillig mehr zahlt. Modische Kleidung mit ökologisch möglichst unbedenklicher Produktionsbilanz ist eine solche Innovation. Trigema bietet sogenannte Wellness-Shirts aus Biobaumwolle an, doch der Kundenzuspruch ist bislang minimal. Dabei stellt sich die Frage, ob es am Öko-Image des letztlich sogar rückstandsfrei kompostierbaren Textils, am Preis oder am Design liegen mag. Das ist typisch für den Handel in Deutschland, wo klimaschonend produzierte Waren oft genug wegen des bis zu dreißig Prozent höheren Preises zu Ladenhütern werden, obwohl viele Kunden Bereitschaft signalisieren, ihr Konsumverhalten zugunsten der Umwelt anzupassen.

Noch sind die meisten nicht davon getrieben, den von ihnen während ihres Lebens verursachten individuellen CO_2- und Emissionsfußabdruck möglichst klein zu halten. Hier den Sprung zu schaffen, der etwa der klimabewusste Lohas erreicht, wäre eine auch für die Bekleidungsindustrie interessante und vor allem anspruchsvolle Aufgabe. Längst sind schon einige große Firmen wie C&A, Walmart und Nike dabei, die Palette der von ihnen angebotenen Produkte durch ökologische Mode zu erweitern. Lösen könnten die imagefördernde Aufgabe kreative Werbekampagnen, die etwa modische Coolness und ökologische Grundsätze zusammenbringen. Bei Trigema müsste man dann allerdings unter Garantie auf den Einsatz eines Schimpansen verzichten.

Resonanz und Politik

Es heißt, politische Klugheit sei die Kardinaltugend der Jesuiten. Acht Jahre besuchte Wolfgang Grupp ein Internat dieses Ordens, gut fünf Jahre studierte er in Köln, wobei er eine profunde Bildung erwarb. Seit über anderthalb Jahrzehnten verkündet der diplomierte Betriebswirt standortpolitische und wirtschaftliche Ansichten, wobei sie durch ihre Wiederholung zu einer Art Grupp'schem Glaubensbekenntnis kristallisieren. Verantwortung und Disziplin des Unternehmers, Rentabilität der Produktion in Deutschland, Kritik am Steuer- und Insolvenzrecht sowie drastische Managerschelte scheinen bei Grupp kanonisiert.

Es gibt einen Kreis, in dem Grupp viel Anerkennung findet: 2006 hat ihn der Verleger Florian Langenscheidt in das Kuratorium des 1997 erstmals ausgelobten Deutschen Gründerpreises berufen. Dort sitzen unter anderem Willy Bogner, Günther Fielmann, Jürgen Heraeus, Claus Hipp, Friedrich von Metzler, Michael Otto, Annette Roeckl, Reinhold Würth und eben Wolfgang Grupp. Mit dem Gründerpreis ausgezeichnet werden Unternehmer, die in den Kategorien StartUp, Aufsteiger und Lebenswerk Hervorragendes geleistet haben. Das können Schülerteams mit ihrer Neugründung oder arrivierte Persönlichkeiten sein, die in Deutschland eine nachhaltig erfolgreiche Firma gegründet haben. Das Kuratorium setzt sich – dem *Stern* zufolge – aus dem »›Who's who‹ erfolgreicher Familienunternehmer« zusammen. Entsprechend gern wird in diesem Kreis jenen Respekt gezollt, die vorwiegend mit eigenem Geld wirtschaften. Dass Trigema mit hundert Prozent Eigenkapital agiert, nötigt hier spürbaren Respekt ab. Breiter ist die Front derjenigen, die Grupp mit gehöriger Skepsis gegenüberstehen: Viele Unternehmer, Verbandsvertreter und Politiker sehen in ihm einen Störenfried.

Die politische Heimat Wolfgang Grupps ist das konservative Milieu. Das kann kaum verwundern, da er Unternehmer in einer Region ist, die nicht nur bezüglich des vorherrschenden Katholizismus als überaus schwarz gilt. Ende der achtziger Jahre gab es einen besonderen Lackmustest seiner Orientierung, der für Aufsehen sorgte: Paul-Stefan Mauz, der 1960 geborene Sohn des Prokuristen von Trigema, wollte Karriere machen. In seinem Beruf als Arzt gelang ihm das in der Weise, dass er 1987 eine Stelle an der Hals-Nasen-Ohren-Klinik Tübingen antrat. Daneben allerdings strebte der seit seiner Jugend schon in der Jungen Union engagierte Mauz politische Meriten an. Einige Jahre lang war er Vorsitzender des Kreisverbands der Jungen Union Zollernalb gewesen. Seit 1984 gehörte er dem Burladinger Gemeinderat an und kandidierte drei Jahre später, allerdings erfolglos, für den Bundestag. Danach nahm der Mediziner einen neuen Anlauf. 1988 wollte er den Sprung in den Stuttgarter Landtag schaffen. Dazu allerdings musste er in dem von ihm anvisierten Landtagswahlkreis einen arrivierten CDU-Kandidaten ausstechen. Es sollte zu einer Kampfkandidatur kommen. Um seine

Chancen zu verstärken, verfiel der achtundzwanzigjährige Mauz auf die Idee, Wolfgang Grupp um Unterstützung anzugehen.

Konkret wurde der Unternehmer von dem Nachwuchspolitiker angesprochen, im Betrieb einige Leute zu mobilisieren, die als CDU-Mitglieder bei der Kandidatenkür für ihn stimmen würden. Grupp fand Gefallen an dem Gedanken und sah die Sache sportlich: Wenn ein Burladinger gegen den aus Reutlingen stammenden CDU-Wahlkreisabgeordneten Theo Götz antrat, musste man natürlich dem jungen Mann den Rücken stärken. Er sagte seine Hilfe zu, wurde aber dadurch überrumpelt, dass ihm Mauz und der seine Kampagne betreuende Journalist Philipp Welte klarmachten, von den Mitarbeitern müssten möglichst viele in die CDU eintreten. Nur dann könnten sie in der beabsichtigten Weise Einfluss nehmen. Dem Trigema-Prokuristen ging das Ansinnen seines Sohnes entschieden zu weit, doch der Chef entwickelte gehörige Energie für das Projekt. Binnen kurzem bewegte er hundertzwanzig Beschäftigte zum Eintritt in die Partei. Auch er persönlich war mit von der Partie und wurde CDU-Mitglied. Die Parole lautete, Mauz junior solle für die anstehende Landtagswahl zum Kandidaten gekürt werden.

Nüchtern betrachtet hatte diese ungewöhnliche Aktion mehr als ein »Gschmäckle«. Wie die Details belegen, war sie bizarr: Da rief ein Unternehmer seine Arbeiter und Angestellten zum Eintritt in die CDU auf. Für alle, die ihm folgten, zahlte er sogar ein halbes Jahr die Mitgliedsbeiträge. Dann mietete er ein paar Busse, um die Leute ins nahe Jungingen zur Abstimmung zu fahren, und spendierte noch eine Vesper. In der Kampfkandidatur unterlag der Reutlinger CDU-Mann, da die Stimmen der in Kompaniestärke angerückten Burladinger die Waagschale zugunsten von Paul-Stefan Mauz beeinflussten. Dieses Resultat schlug nicht nur in der regionalen Presse Wellen. In der baden-württembergischen CDU regte sich gegen die gesteuerte Mobilisierungspraxis vehementer Protest, wobei Grupp unter starken Beschuss der Partei geriet. Man hielt ihm vor, er habe nicht nur konservativ eingestellte Mitarbeiter, sondern sogar SPD-Anhänger zum Eintritt in die CDU bewegt. Folgten ihm seine Leute etwa in politischer Nibelungentreue ohne Rücksicht auf ihre eigensten Überzeugungen? Angesichts der parteiinternen Querelen bewies Mauz Einsicht und trat als Kandidat zurück. Daraufhin konnte die Nominierungsversammlung wiederholt werden. Die entschied erneut – mit den Stimmen der Burladinger – für Mauz, sodass er letztlich bei den Landtagswahlen als Vertreter des Wahlkreises Hechingen-Münsingen in den Stuttgarter Landtag gewählt wurde.

Das von der CDU wegen der firmeninternen Mobilisierung gezauste Neumitglied Grupp hielt es nur kurze Zeit in der Partei aus. Noch vor dem zweiten Nominierungswahlgang erklärte er per Einschreiben seinen Austritt und setzte auch seine Leute von dem Schritt in Kenntnis. Dies war das einzige Mal, dass der Unternehmer einer Partei angehörte. Sein Verhältnis zu diesen Institutionen der Demokratie ist distanziert. Zwar beteiligt sich Grupp regelmäßig als Briefwähler an den Wahlen, ohne eindeutig festgelegt zu sein, aber Parteispenden kommen für ihn prinzipiell nicht in Frage. Somit ist er auch politisch nicht wirklich integriert, wobei die Frage zu stellen ist, ob eine Partei glücklich wäre, diesen höchst eigensinnigen Egozentriker in ihren Reihen zu haben. Heute sieht Grupp die Mauz-Episode von 1988 entspannt, geradezu amüsiert. Das sei vergleichbar mit der Trikotwerbung, die Trigema in den achtziger Jahren für Fußballvereine machte: Auch wenn seine Mitarbeiter eingefleischte Fans des VfB Stuttgart gewesen seien, hätten sie ohne weiteres wie ihr Chef im Stadion für Schalke oder für einen anderen der gesponserten Bundesligavereine gejubelt, da diese mit dem Trigema-Logo aufliefen.

Grupp ist überzeugt davon, dass auch die Mitarbeiter stolz darauf sind, zur Trigema-Betriebsfamilie zu gehören. Daher stünden sie treu zu ihrem Chef und zeigten sich bereit, seinen Wünschen Folge zu leisten. Nun, wie erweist man seinem Arbeitgeber Dankbarkeit dafür, dass er den Betrieb aufrechterhält oder im individuellen Fall ein offenes Ohr zeigt? Am natürlichsten wären fortwährende Leistung und Loyalität. Doch wie steht es mit der Bereitschaft, einen anderen als den eigenen Verein zu beklatschen? Allein das ist für viele undenkbar. Wenn aber etwas so Persönliches wie der Eintritt in eine Partei nahegelegt und auch noch finanziell unterstützt wird, dann richtet diese Praxis erwarteter Treue ernstlich Flurschaden an. 1988 schädigte sie alle Beteiligten, den Kandidaten, die christdemokratische Partei, den Firmeninhaber und seine Leute, die sich kurzfristig zu Stimmvieh machen ließen. Darüber lässt sich nicht hinweglächeln, denn die Freiheit der politischen Orientierung ist ein überaus hohes Gut.

Grupp ist unbequem aus Überzeugung. Er bemüht sich auch gar nicht um Integration. So vermied er konsequent, in Arbeitgeberverbände einzutreten, obwohl er beispielsweise vom Textilverband in Albstadt mit offenen Armen aufgenommen worden wäre. Genauso hat er sich nicht in Aufsichtsräte berufen lassen. Er will so unabhängig wie möglich sein. Als der baden-württembergische Ministerpräsident Günther

Oettinger 2007 per Helikopter zur Stippvisite beim Trigema-Fest in Burladingen erschien, charakterisierte er den Patriarchen mit den Worten, er sei »alles andere als pflegeleicht«. Das war beileibe keine Koketterie, denn nicht nur der BDI oder die CDU, sondern auch die Stuttgarter Staatskanzlei hatten schon ihre liebe Not mit dem streitlustigen Unternehmer von der Alb gehabt.

Oettingers Amtsvorgänger Erwin Teufel traf der Vorwurf, leichtfertig mit den Arbeitsplätzen im sogenannten Musterländle umzugehen, als 2004 zur baden-württembergischen Imagekampagne »Wir können alles. Außer Hochdeutsch« T-Shirts mit diesem Aufdruck in China bestellt wurden. Einem Käufer des für 12,50 Euro feilgebotenen Textils war dies sauer aufgestoßen. Er hatte sich an die Staatskanzlei gewandt und gefragt, warum man nicht einheimische Produzenten beauftragt habe. Die briefliche Antwort eines Landesbeamten lautete, mitteleuropäische Hersteller seien »nicht mehr konkurrenzfähig«. Der aufgrund dessen verärgerte Anfragende schickte kurzerhand Kopien der Korrespondenz an den Trigema-Chef, der dies als Steilvorlage zu nutzen wusste. Er schrieb an den Ministerpräsidenten, nunmehr sei es wohl überflüssig, Auszubildende in seinen Werken anzulernen, da nicht einmal die Landesregierung an eine Zukunft der Firmen auf der Schwäbischen Alb glaube. Grupp beließ es nicht dabei. Gezielt schaltete er die Medien ein, die sich des Sommerlochthemas gern annahmen. Letztlich stellte der T-Shirt-Disput die Staatskanzlei bloß und verschaffte dem Burladinger zu dessen Freude verstärkte Öffentlichkeit, denn nicht nur die Presse, sondern auch mehrere Fernsehteams berichteten darüber.

Teufel tat kund, er wolle sich nicht um die Bestellung von

Werbeartikeln kümmern, während Grupp vor seinem Jagdhaus in Aigis in die Mikrophone sprach, Trigema hätte den Auftrag übernehmen und zum gleichen Preis profitabel arbeiten können. Dabei wären natürlich auch Steuern in die Kassen des Ländles geflossen. Die Rollen in diesem Spiel waren klar verteilt: Offenkundig prallten hier instinktlose und ökonomisch unbedarfte Beamte und ein aufrecht kämpfender, aber von der Obrigkeit vernachlässigter Unternehmer zusammen. Für Leser und Zuschauer mag dies lediglich eine Provinzposse gewesen sein, für den Ministerpräsidenten und sein Umfeld aber ein Ärgernis. Auf welcher Seite also stand der Textilfabrikant? Nicht auf der der konservativen Landesregierung, sondern, wie eigentlich immer, einzig und allein auf der seinen, das aber zum Wohle der Firma und damit zugunsten des Erhalts von über tausend Arbeitsplätzen in der Region. Der freundliche Besuch von Ministerpräsident Oettinger im Sommer 2007 beim wenig pflegeleichten Freund der CDU konnte auch der gezielte Versuch sein, Grupp in gewisser Weise zu domestizieren. Der machte aber weiter, was er wollte, und produzierte ein Polohemd aus supergekämmter Piqué-Baumwolle mit den aufgedruckten Löwen aus dem baden-württembergischen Landeswappen und dem Ausspruch: »Wir können alles … auch Hochdeutsch.«

Solche Ereignisse treiben auch ohne die Einschaltung einer PR-Agentur und ohne hauseigene Pressearbeit die Aufmerksamkeit kurzfristig wieder in die Höhe. Das ist durchaus von Bedeutung, denn damit wird verhindert, dass Grupp für die Medien weniger interessant wird. Er hat seinen Marktwert, auch wenn er, wie das Fachblatt *Pressesprecher* im Herbst 2006 konstatierte, als Person »ermüdend konstant« sei und mit seinen sattsam bekannten Argumenten nur selten Neuigkeitswert biete. Die Gesetzmäßigkeiten der Medien sind unerbittlich, ebenso die Konkurrenz der Akteure um Sendezeit. Vornehmlich dorthin, wo tabubrechende Statements geäußert werden, richten sich die Mikrophone. Wer als Politiker lauthals polemisiert und auffallende Forderungen in den Raum stellt, kann gewiss sein, über einen politischen Aschermittwoch hinaus im gut ausgeleuchteten Sessel von Talkshows zu sitzen.

Wer nicht pointiert, zuspitzt, anklagt oder provoziert, erreicht höchstens die Peripherie. So gesehen hatte Grupp seine Zeit in den Fernsehdebatten, aber nicht wenigen fiel es auf, dass er dort wenig facettenreich, stets seinen festgefügten Wertekanon im Blick, herüberkam. Oder dass er als Mann Mitte sechzig in einer Talkrunde bei Sabine Christiansen, in der es um Kindererziehung ging, nicht unbedingt die erste Besetzung war. Andere wiederum interessierte sein Standpunkt als Unternehmer, der Frauen, die aufgrund von Kinderbetreuung nur noch in Teilzeit arbeiten konnten, nicht weiter als Führungskräfte beschäftigte. Grupp ist kein Politiker. Er kann auch nicht für eine gesellschaftliche Gruppierung sprechen. Am besten platziert ist er in Gesprächsrunden, in denen er auf Manager, Unternehmer und Politiker trifft, die mit ihm über Fragen von Arbeitsmarkt, Mittelstand und Betriebsführung debattieren.

Dass er seit Mitte der neunziger Jahre wiederholt im Fernsehen auftrat, nahm sein Umfeld in Schwaben natürlich als bemerkenswertes Faktum zur Kenntnis. Wer sonst aus dieser Region, welcher Unternehmer überhaupt schaffte es zu überregionaler Prominenz? Über die Jahre allerdings, so heißt es, hätten sich nicht wenige seiner Wegbegleiter und Freunde sattgesehen an der Show. Man kenne seine Standpunkte. Dahinter mag begründete Kritik stehen, es ist allerdings auch spürbar, dass manche »dem Wolfgang« das Aufsehen neiden, das ihm die Medien verschaffen. Diejenigen, die ihn seit längerem aus der Nähe kennen und zu seinen Festen eingeladen werden, zollen ihm Hochachtung wegen seiner anhaltenden geschäftlichen Leistung. Über alles andere, ein paar offensichtliche Kauzigkeiten und scheinbare Allüren, die den persönlichen Stil von Grupp ausmachen, sehen sie gern hinweg.

Und egal, ob man wie seine Frau in seinem Äußeren eine gewisse Ähnlichkeit mit Yves Saint Laurent entdecken mag oder ob er mit seinen auffälligen Hemden und der festlich wirkenden Kleidung für manchen wie ein Zirkusdirektor wirkt, Wolfgang Grupp ist Individualist von klarer Kontur. Gern steht er im Mittelpunkt, sei es durch die lautstarke Art zu reden oder den mit beträchtlichem Aufwand kultivierten Habitus. Das stößt auf Gegenliebe, denn es gibt eine Öffentlichkeit, die sich an dem Schwaben erfreut, wenn sie auf ihn trifft. Wer Wolfgang Grupp einlädt, muss sich also auf etwas Besonderes gefasst machen. Für das im Jahr 2002 gefeierte Sommerfest der *Bild*-Zeitung in Stuttgart-Esslingen etwa lieferte der Unternehmer einen spektakulären Beitrag: Er schwebte mitsamt seiner Frau Elisabeth per Helikopter ein, was für den altgedienten Journalisten, der das Event koordinierte, den »Knaller der Saison« darstellte, denn in der Stuttgarter Region war bis zu diesem Zeitpunkt kein VIP im Hubschrauber zu einer Party geflogen. Man musste schon lange zurückdenken, um einen Vergleich zu finden: Jassir Arafat war einmal mitten auf der Straße vor dem Hotel *Intercontinental* gelandet. Und nun also die Burladinger! Sie stachen, so der Journalist, wegen des unvermeidlichen Aufsehens den Ministerpräsidenten Teufel, die CDU-Parteichefin Angela Merkel sowie den DaimlerChrysler-Boss Jürgen Schrempp aus.

Als eine im hohen Maße eigenwillige und auffällige Persönlichkeit passt Grupp in keine Schublade, ähnelt niemandem wirklich und eifert keinem Vorbild vollends nach. Letztlich ist er jemand, den man nicht übersehen kann. Man muss ihn zu nehmen wissen oder seinen Ansprüchen genügen können, denn wer von ihm abhängig ist und kontrolliert wird, dürfte es schwer haben, sich dauerhaft zu behaupten.

Konrad Bueb ist höheren Mächten als dem Textilindustriellen verpflichtet. Er amtiert seit 2003 als Pfarrer in Burladingen und ist damit zuständig für insgesamt sechs Kirchen der Seelsorgeeinheit Fehla-/Killertal. Die Gemeinde von St. Fidelis in Sichtweite des Trigema-Hauptwerks ist in einer Kirche zu Hause, die vor allem in ihrer nüchternen Stattlichkeit und durch ihren Skulpturenschmuck beeindruckt. Das in den frühen dreißiger Jahren von Architekt Otto Linder entworfene Bauwerk wurde im Herbst 1934 eingeweiht. Heute belastet das große Gotteshaus die Gemeinde aufgrund der hohen Unterhaltungskosten. Pfarrer Bueb weiß es daher zu schätzen, dass Wolfgang Grupp als vermögender Burladinger »kirchlich wohlgesinnt« ist und St. Fidelis unterstützt. Zwar besucht der gläubige Katholik fast ausschließlich den Gottesdienst in Aigis im Allgäu, da er dort die Wochenenden in seinem Jagdhaus verbringt. Dennoch spendet Grupp für die Restaurierung der Kirchentüren oder für die Neuvergoldung liturgischer Geräte.

Bueb hofft auf eine Zukunft von Trigema am Ort, wobei er nicht nur die wirtschaftliche Lage, sondern auch die Nachfolgefrage im Auge hat. In den vergangenen Jahren hat er in der Region verschiedentlich beobachten können, wie Firmen ins Schlingern gerieten: »Irgendwann geht's rückwärts«, sofern die Nachfolge nicht geklärt sei. Der Gemeindehirte sieht in dem Unternehmer einen Mann, der sein Handeln an Werten und Leitsätzen ausrichtet und überdies mit Fleiß und Klugheit agiert. Daher vertraut er darauf, dass Grupp auch die Weichenstellungen zur Übergabe an die Generation nach ihm in wohlüberlegter Manier vollzieht, wenn die beiden Kinder so weit sind.

Unabhängig fühlt sich Hardy Kromer, der für Burladingen und Umgebung zuständige Redakteur der *Hohenzollerischen Zeitung*. Das Blatt gehört zur Südwestpresse in Ulm, ist also bei weitem nicht so schwarz wie andere schwäbische Blätter. Kromer hat als Journalist den Chef von Trigema seit mehr als zwei Jahrzehnten erlebt. Einer seiner ersten Artikel war der über den Streit zwischen ihm und Feinkost Käfer. Kromer erinnert sich daran, dass damals nicht wenige Leute Grupp für kleinlich hielten, mit dem Caterer im Nachgang zur großen Hochzeit vom Sommer 1988 vor Gericht zu ziehen. Dass Grupp aber letztlich erfolgreich damit war, habe ihm wiederum Respekt eingebracht.

In den Augen des Journalisten gehört zu den Stärken des Geschäftsmanns, dass er die an ihn gestellten Erwartungen in authentischer Weise erfüllt. Zudem sei er dank seiner Findigkeit oftmals am Puls der Zeit gewesen, etwa als er in den achtziger Jahren Trigema-Werbung auf den Trikots von Bundesligafußballern platzierte. Damit war Grupp auf einen bereits fahrenden Zug aufgesprungen, denn diese Werbeform hatte der Wolfenbütteler Jägermeister-Hersteller Mast etabliert. Erster war er allerdings, als 1997 Trigema-Schriftzüge auf dem Rumpf von Charterflugzeugen aufgebracht wurden. Das Gleiche gilt für den Aufbau der Testgeschäfte, um vom Handel unabhängig zu werden. Damit, so der Hechinger Journalist, habe Grupp weitaus besser agiert als lange Zeit auch vor Ort großspurig auftretende Konkurrenten, die letztlich aufgeben mussten. Als Schwäche Grupps betrachtet Kromer das Beharren auf Althergebrachtem, denn gerade das sei in der trendgetriebenen Bekleidungsbranche höchst riskant. Überdies vermutet der Redakteur, die Selbstverliebtheit und Profilierung Grupps auf Kosten von Unternehmern und Managern führe dazu, dass sich diese von ihm abwenden. Freunde auf gleicher Ebene mache er sich nicht.

Mentalität und Arbeitsmoral

Rainer Nübel, ein schwäbischer Journalist, beschreibt seine Landsleute so: »Der Baden-Württemberger schlechthin ist eine treue Seele. Hat er sich einer Sache verschrieben, so pflegt er sie mit fast heiliger Inbrunst und schaffigem Eifer.« Das trifft insbesondere auf die Leute von der Schwäbischen Alb zu, denn deren ausgeprägte Arbeitsmoral bringt sie eher dazu, in die Firma zu gehen, als zu Hause zu bleiben, wenn man kränkelt. Nicht nur den Verlust des Lohns fürchten die Mitarbeiter, sondern auch die Beeinträchtigung ihres Rufs unter den Kollegen. Ihre Mentalität halte sie dazu an, zur Arbeit zu gehen. Daher bleibt keiner gern zu Hause, auch wenn er nicht gesund ist. Entsprechend gilt der Grundsatz, dass jeder, der sich anstrengt, auch seinen verdienten Lohn erhält. Festzustellen ist allerdings auch die schwäbische Selbststilisierung: Man trägt den Kopf sehr hoch.

Diesem Mechanismus verdanken Unternehmer in der Region leistungsbereite Arbeitskräfte. Darauf basierte die über mehr als drei Generationen florierende Textilindustrie der Region, die in Burladingen von Firmen wie Ambrosius Heim, Pfister und Gebr. Mayer sowie in Albstadt von Gebr. Conzelmann, Karl Conzelmann, Götzburg, Mey und Schöller geprägt wurde. Viele hundert Männer in den Strickerei- und Färbereiabteilungen und Heerscharen von Frauen in den Nähsälen haben das Gewerbe am Laufen gehalten. Auf der katholischen Seite Hohenzollerns hat die Gewerkschaft kaum Einfluss in den Betrieben entwickeln können.

Westlich davon, im protestantischen Albstadt, liegen die Verhältnisse anders. Hier sind die Betriebsräte stärker gewerkschaftsorientiert als bei Trigema, sodass die Tarifverträge als verbindliche Richtschnur dienen. Sie sind maßgeblich für Gehalt, Arbeitsbedingungen, Urlaubs- und Weihnachtsgeld, die Zahl der Urlaubstage und die betrieblichen Sozialleistungen. Wolfgang Grupp hat Unabhängigkeit zu seinem obersten Gebot erklärt. Positiv betrachtet kann man hier einen autarken Geschäftsmann sehen, der es schafft, sich selbst zu behaupten. Aus kritischem Blickwinkel erscheint er allerdings als Autokrat, der nach eigenem Gusto schaltet und waltet. An einigen Beispielen wird dies deutlich: So ist die Lohnfortzahlung im Krankheitsfall für Grupp seit langem ein Reizthema. Er hält diese Regelung für schädlich, da sie seinem Betrieb Kosten aufbürdet, der keine Leistung gegenübersteht.

Als in der letzten Amtsperiode des Bundeskanzlers Helmut Kohl die Absenkung der Lohnfortzahlung im Krankheitsfall auf achtzig Prozent des Gehalts gestattet wurde, gehörte Trigema Ende 1996 zu den ersten Unternehmen, die diese Möglichkeit nutzten. Allerdings bot Grupp seinen Arbeitnehmern die eingesparten zwanzig Prozent als Lohnerhöhung an. Dem Vorschlag stimmte die Belegschaft einhellig zu. Als dann die rot-grüne Bundesregierung unter Gerhard Schröder die Lohnfortzahlung wieder auf einhundert Prozent anhob, ärgerte das den Schwaben gehörig. Er musste sich dem staatlichen Diktat beugen. Um einen Ausgleich zu seinen Gunsten zu schaffen, testete er in seinem Betrieb zwei Jahre lang ein gestaffeltes Bonussystem, das er Krankheitsspirale nannte: Eine Fachkraft, die ein Jahr keinen Krankentag hatte, bekam eintausend Mark gezahlt, bei einem Tag gab es noch achthundert Mark, bei fünf Fehltagen allerdings keinerlei Prämie. Dies sah Grupp als probates Mittel, um den Krankenstand zu reduzieren. Das System hatte aber auch die beträchtliche Schattenseite, dass erkrankte Mitarbeiter einen Urlaubstag anmeldeten, statt einen gelben Schein vom Arzt einzureichen. Schließlich konnten sie damit ihren Anspruch auf die für einen Tag gezahlte Zweihundert-Mark-Prämie bewahren.

Georg Faigle, der politische Sekretär der auch für die Textilindustrie zuständigen IG Metall in Albstadt, beurteilt die Lage bei Trigema kritisch: »Wer nicht gesund bleibt, hat Probleme mit Herrn Grupp.« Diese Aussage basiert auf folgendem Hintergrund: Da der Betrieb nicht an einen Tarifvertrag gebunden ist, kann der Chef persönlich darüber entscheiden, ob er einem Mitarbeiter, der öfter und länger krankgeschrieben ist und seiner Einschätzung nach eine generell geringere Leistungsbereitschaft zeigt, das Urlaubs- und Weihnachtsgeld kürzt. Dabei stellt nach Ansicht des Gewerkschafters bereits der mit fünfundzwanzig Tagen unterdurchschnittliche Jahresurlaub für Neueinsteiger eine Belastung dar. Dem Tarifvertrag zufolge wären fünf Tage mehr zu gewähren, aber an diese Vorgabe muss sich Grupp nicht halten, da er nicht Mitglied des Arbeitgeberverbandes ist. Dr. Franz Grupp hatte dem Verband angehört; zu seiner Zeit war auch der Betriebsrat bei Trigema gebildet worden. Darüber kann der Inhaber heute immer noch voller Ablehnung den Kopf schütteln. Faigle vertritt den Standpunkt, Grupp täte gut daran, sich den sonst in der Branche üblichen Positionen anzunähern. Die Firma sollte in die aktuellen Diskussionen eingebunden sein, etwa wenn es um Fragen der Weiterqualifizierung und der Gesundheit der Mitarbeiter gehe. In anderen, tarifgebundenen Betrieben würden Seminare zum Gesundheitsmanagement abgehalten, während derer vermittelt wird, wie sich etwa die persönliche Fitness erhöhen und chronische Überbelastungen vermeiden lassen. Mit der umfassenden Bewusstwerdung der Zusammenhänge von Ernährung, Motivation und Belastungen sei der Rückgang von Erkrankungen verbunden, was den Unternehmen zugutekäme.

Jeder dritte Arbeitnehmer in Deutschland leidet unter Stress, jeder vierte fühlt sich erschöpft, auch weil es an innerbetrieblicher Wertschätzung und dem Gefühl eines sicheren Arbeitsplatzes mangelt. Die Folge davon ist, dass im Job nicht die volle Leistung erbracht werden kann, wie das Meinungsforschungsinstitut Forsa ermittelte. Wolfgang Grupp benötigt keine wissenschaftliche Umfrage für die identische Erkenntnis. Er weiß, dass er die von ihm erwarteten und benötigten Resultate nur bekommt, wenn die grundlegenden Rahmenbedingungen in seiner Firma stimmen: Ausreichende Löhne und Gehälter sowie die Gewissheit, dass Trigema auf Dauer ihre Arbeitsplätze in der Region erhalten will, motivieren die Leute. Dafür nehmen sie offenbar das Fehlen von Kantinen und anderen Sozialleistungen in Kauf.

Der Chef lässt kaum eine Gelegenheit aus, zu erklären, dass er von seinen Leuten viel erwartet. Der Krankenstand lag bei Trigema lange Zeit unter dem Durchschnittswert der deutschen Industrie. Erst in der jüngeren Vergangenheit erhöhte sich dieser Wert, sodass Trigema im Jahr 2009 3,7 Prozent erreichte, während der Bundesdurchschnitt vier Zehntel tiefer ausfiel. Gleichwohl hält sich Grupp weiterhin viel darauf zugute, denn in einem Produktionsbetrieb, so Grupp, gebe es üblicherweise höhere Krankenzahlen als in anderen Gewerben. Schließlich bestehe seine Belegschaft zu fast zwei Dritteln aus Frauen, die generell, etwa wegen ihrer erkrankten Kinder, häufiger ausfielen als Männer. Zudem bleiben in der Produktion Arbeitsunfälle nicht aus. Daher sieht der Inhaber bei Trigema einen geringen, für ihn erfreulichen Wert. Wer wirklich krank ist, hat Grupps Mitleid. Er fordert aber, dass sogenannte Pseudokranke im eigenen Unternehmen von ihren Kollegen nicht toleriert, sondern kritisiert werden. Das verstehe er unter Verantwortung für die Gemeinschaft, die man nicht nur von ihm erwarten dürfe, sondern auch von seinen Mitarbeitern. Richtiggehend ärgerlich wird Grupp, wenn die Sprache auf Ärzte kommt, die aus seiner Sicht mit leichtfertig ausgestellten und fortgesetzten Krankschreibungen seine Probleme verstärken. Früher seien die Ärzte »nicht so schlau wie heute« gewesen und hätten die Patienten ermuntert, doch weiter zur Arbeit zu gehen. Heute dagegen gebe es Praktiken, deren sich einige Mitarbeiter immer mal wieder bedienten.

Letzten Endes würde er am liebsten sehen, dass der Gesetzgeber die Arbeitgeber komplett von der Lohnfortzahlung im Krankheitsfall befreit. Provokant stellt er die Frage in den Raum, was er damit zu tun habe, wenn jemand sich beim Skifahren das Bein breche. Warum bürde man ihm die Ausfallkosten auf? Hält man dem Unternehmer entgegen, dass nicht jede Krankheit selbstverschuldet oder gar durch Leichtfertigkeit entsteht, winkt er ab. Diesem Argument gegenüber bleibt er unzugänglich. Als Geschäftsmann, der über tausend Arbeitsplätze aufrechterhält, möchte er die Krankheitskosten nicht schultern, auch wenn die Lohnfortzahlung eine im Laufe jahrzehntelanger Auseinandersetzungen entstandene soziale Errungenschaft der Bundesrepublik ist. Dies freilich wird so schnell kein Politiker und keine Regierung auf die Tagesordnung setzen. Schließlich wäre schärfster Protest zu erwarten, der vermutlich nicht von neoliberalen, sondern von frühkapitalistischen Arbeitsverhältnissen sprechen würde.

Das Image Wolfgang Grupps changiert je nach Standpunkt des Betrachters zwischen »strenger Patriarch« und »fürsorglicher Imperator«. Härte und Milde sind ihm zu eigen, verpackt im Gewand eines meist optimistischen, manchmal aber auch überemotionalen Egomanen, den das *Handelsblatt* im Jahr seines sechzigsten Geburtstags treffend als den »erfolgreichen Exzentriker unter den Mittelständlern« charakterisierte. Grupp sagt in der ihm eigenen heiteren Selbstgewissheit, er sei »kein Sozialsäusler«, sondern ein »Egoist, ein Kapitalist« – aber einer mit Anspruch: Nur wenn man Erfolg habe und Gewinne mache, könne man auch sozial sein! Wenn es einem selbst gut gehen solle, müsse es auch den Mitmenschen gut gehen.

Diejenigen, die bei Trigema in Burladingen, Rangendingen und Altshausen arbeiten, begrüßen Grupps unausgesetztes Engagement und seine Standorttreue. Als der zweite große Textiler Ambrosius Heim in Burladingen sukzessive Hunderte Arbeitsplätze abbaute und einen Großteil der Produktion ins Ausland verlagerte, standen Menschen auf der Straße, die vor Ort kaum eine Perspektive fanden. Auf der strukturschwachen Schwäbischen Alb bedeutet dies, dass sie, um der Arbeitslosigkeit zu entgehen, lange Strecken über

Landstraßen zur Arbeit pendeln müssen, etwa in den südlichen Stuttgarter Raum. Glücklich konnte sich derjenige schätzen, der beispielsweise im zwanzig Kilometer entfernten Hechingen einen Job fand. Dort gibt es eine mittlerweile florierende Medizintechnikindustrie, doch zur Mitarbeit in diesen hoch spezialisierten Betrieben waren nur wenige der Leute aus Burladingen qualifizierbar. Ähnlich sieht es in dem für Halbleitertechnik und Sensorik bekannten Reutlingen aus.

Vom 1. Januar 2005 an musste in den Produktionsstätten von Trigema vierzig Stunden pro Woche gearbeitet werden, drei mehr als zuvor. Einen Lohnausgleich dafür gab es nicht. Mit Billigung des Betriebsrats war dieser drastische Eingriff ohne lange Diskussion durchgesetzt worden. In Grupps Augen ein Akt der Zukunftssicherung, für die er die Belegschaft an seiner Seite sieht.

Die Auftragslage ist ein eigenes Thema bei Trigema: Bestellungen von Polohemden oder Sweatshirts mit eingesticktem Gymnasiumslogo gehen nicht für Tausende Stück, sondern wegen der sehr individuellen Kundenwünsche lediglich für hundert oder gar nur Dutzende ein. Betriebe, Krankenhäuser, Feuerwehren und Schulen ordern eben nicht en gros, sondern en detail. Hinzu kommen die Bestellungen des Textileinzelhandels und der sechsundvierzig Trigema-Testgeschäfte, die bedarfsorientiert nachordern.

Daher liegt die Entscheidung darüber, was Tag für Tag in zwei Schichten von den siebenhundert Näherinnen produziert wird, allein beim Chef. Er muss abschätzen, ob es sinnvoll ist, größere Quantitäten von funktionaler Sportunterwäsche, elastischen Feinrippanzügen oder Shirts und Nickys der teureren Claudia-Effenberg-Kollektion anzufertigen. Seit

2006 ist diese für sportive Frauen gestaltete Modelinie im Angebot, die in Kooperation mit der Ehefrau des einst für seine Ruppigkeit bekannten Bundesligafußballers Stefan Effenberg entstand. Die lange Jahre als Model tätige, sich gern glamourös gebende Claudia Effenberg entwarf als Markenzeichen für ihre figurbetonte Kollektion einen Tigerkopf, der nun als aufwändige Stickerei die Shirts und Trainingsanzüge ziert. Wie dieses Beispiel zeigt, bietet Trigema mittlerweile eine diversifizierte Produktpalette an, die weit über das klassische Angebot von Freizeit- und Sportbekleidung sowie Wäsche für Kinder und Erwachsene hinausgeht. Fürs Erste landet ein Großteil der durchschnittlich auf dreißigtausend Einzelstücke belaufenden Trigema-Tagesproduktion im eigenen Lager. Dafür färben und schneiden die Männer die Stoffe, dafür sitzen die Frauen von früh bis spät an den Nähmaschinen.

Gewerkschaftler Faigle sieht in der Praxis der verlängerten Arbeitszeit eine Milchmädchenrechnung, denn es bleibe fraglich, ob die Mehrstunden wirklich zu höherer Effizienz führen. Die Ermüdung der Leistungsfähigkeit der Arbeitskräfte sei das eine, die Frage, ob sich ein höherer Umsatz überhaupt erzielen lasse, das andere. Gibt es, fragt er, bei dieser Auftragslage und Kundennachfrage für Trigema überhaupt einen dauerhaften Bedarf an vierzig Arbeitsstunden pro Woche, das ganze Jahr über? Gab es nicht irgendwann einmal die Notwendigkeit, Kurzarbeit anzumelden? Schließlich ist in jedem Jahrzehnt mindestens einmal davon die Rede, dass die Textilbranche eine veritable Krise zu überstehen hatte. Für Wolfgang Grupp käme Kurzarbeit allem Anschein nach einem Offenbarungseid gleich. Das hat er in all den Jahren, die er die Firma leitet, nicht nötig gehabt. Betriebsbedingte

Kündigungen und Kurzarbeit soll es bei ihm niemals geben! Das ist sein erklärtes Ziel, an das er seine Ehre als Unternehmer knüpft. Dabei nutzt er natürlich die Möglichkeiten, die Produktion in nachfrageschwachen Zeiten zu drosseln. So wurde vor einiger Zeit der Weihnachtsurlaub für den ganzen Betrieb wegen der Lage der Feiertage bis in den Januar gestreckt. Man könnte das als Zwangsurlaub bezeichnen, doch dies soll Grupp bei weitem lieber gewesen sein, als Kurzarbeit anzumelden und Zuschüsse der öffentlichen Hand anzunehmen. Solche Schlaglöcher auf den eingefahrenen Wegen des Grupp'schen Geschäftsmodells sind aber die Ausnahme.

Seit einigen Jahren bekommen ungelernte Trigema-Einsteiger in der Produktion und im Verkauf einen Stundenlohn, der bei 8,50 Euro beginnt. Die IG Metall begrüßt, dass dieser Einsteigerlohn damit höher als früher ausfällt. Sie bemängelt aber, dass die neu eingestellten Arbeiter nicht den Tariflohn der Lohngruppe 1 verdienen, der knapp über zehn Euro pro Stunde liegt, und zudem kein Weihnachts- und Urlaubsgeld mehr erhalten. Stattdessen werden ihre Stundenlöhne bei erwiesener Leistung sukzessive erhöht, was Grupp zufolge von den Beschäftigten gutgeheißen wird. De facto besteht damit bei Trigema eine Zweiteilung: Die Altgedienten in der Produktion erhalten die Sonderzahlungen und wegen ihrer längeren Betriebszugehörigkeit ohnehin höhere Löhne, die sich auf bis zu zwölf Euro pro Stunde belaufen können. Die Neueinsteiger werden entsprechende Einkünfte auch mittelfristig nicht erreichen. Kritische Stimmen erkennen darin Niedriglohnbeschäftigte in dem Betrieb auf der Schwäbischen Alb. – Das kann man so sehen, doch weitet man den Blick aus, erkennt man, dass im direkten Vergleich in den neuen Bundesländern deutlich weniger gezahlt wird. Das ist beispielsweise einer der Wettbewerbsvorteile von bruno banani in Chemnitz, wo die Stundenlöhne der Näherinnen an die zwanzig Prozent unter denen der westdeutschen Konkurrenz liegen.

Aus Sicht der Gewerkschaften wäre es generell anerkennenswerter, wenn Trigema dem Tarifvertrag beiträte, als dass der Inhaber bei Gelegenheit in der Öffentlichkeit für den Mindestlohn plädiert. Damit würden die in der deutschen Textilbranche üblichen Bedingungen per se auch für die Trigema-Beschäftigten gelten. Dazu jedoch wird es wohl nie kommen. Grupps Standpunkt in der Frage ist, dass er wirtschaftlich gar nicht anders kann. Generell will er sich nichts diktieren lassen, auch von Tarifverträgen nicht. Dass er parallel zu den Erhöhungen der Tariflöhne auch die Bezüge seiner Leute anhebt, spricht für den gesunden Menschenverstand des Unternehmers, der seine Mitarbeiter binden muss. Und das gelingt ihm gut.

Dem nach Bewahrung seiner Unabhängigkeit strebenden Unternehmer helfen natürlich das gegenwärtige Umfeld der strukturschwachen Region auf der Zollernalb und die Lage in Baden-Württemberg an sich, wo die einst so große Sicherheit infolge der Wirtschaftskrise vorbei ist. Wo sich zahlreiche Firmen mit Kurzarbeit retten mussten, glänzte der weiter schnurrende Textilbetrieb in Burladingen umso mehr.

Offenbar halten ihm seine Leute die Treue, möglicherweise weil sie gern bei Trigema arbeiten, vielleicht aber auch, weil es in der Region keine anderweitige Perspektive gibt. Fest steht, dass sie nicht aufbegehren. Streiks gibt und gab es nicht in der Zeit, seit Wolfgang Grupp die Firma leitet. Er ist der Chef, ist sichtbar und steht für seine Mitarbeiter ein. Und so neiden sie ihm auch seinen unübersehbaren Wohlstand nicht, denn das ist für sie eine völlig fremde, eigene Welt. Er wiederum möchte, dass seine Mitarbeiter voller Stolz sagen können, dass es ihr Chef sei, der dort drüben in der schwarzen Limousine chauffiert werde oder der gerade im Hubschrauber davonfliege. Es ist ihm wichtig, dass seine Beschäftigten – und auch andere Leute – zu ihm aufblicken. Er möchte Vorbild sein, so wie er eine Reihe von Unternehmern als Leistungsträger vorbehaltlos bewundert. Für ihn sind das Reinhold Würth, früher Gustav Schickedanz, die Familien Oetker und Quandt sowie die Medienpatriarchen Burda, Mohn und Axel Springer, der ihn nachhaltig beeindruckte. Bei ihnen verortet er unternehmerischen Anstand und persönliche Werte, die ihn begeistern. Dass der Milliardär Würth vor einigen Jahren wegen Steuerhinterziehung rechtskräftig verurteilt wurde, tut der Wertschätzung eigenartigerweise keinen Abbruch. Sieht er es dem »Schraubenkönig« nach, wie so viele einflussreiche Kreise in Deutschland, weil man beim Buchstabieren von unternehmerischem Anstand die Steuerehrlichkeit, wenn überhaupt, als finalen Seufzer anschließt?

Letzte Dinge

Die Wirtschaft in Baden-Württemberg ist vielfältig und leistungsfähig, auch wenn sie abhängiger vom krisengeschüttelten Autobau ist als anderswo in der Bundesrepublik. Im innerdeutschen Ranking nimmt das Land eine Spitzenposition ein, denn weltweit agierende Großunternehmen wie Daimler, Bosch, Voith, Liebherr und SAP haben hier ihren Stammsitz. Dazu kommen noch Hunderte bestens am Markt platzierter Firmen, die für die Güte ihrer Produkte allseits bekannt sind oder die es als »hidden champions« zur Marktführerschaft gebracht haben, manchmal sogar im internationalen Maßstab. Ob es nun der Öl- und Gasbrennerhersteller Weishaupt im oberschwäbischen Schwendi ist oder ganz einfach die Zahl der Patentanmeldungen, man kann zu Recht stolz sein auf das, was im deutschen Südwesten entstand und tagtäglich entsteht. Selbst während der Wirtschaftskrise des Jahres 2009 lag die Arbeitslosigkeit nur knapp über fünf Prozent. Dennoch, Baden-Württemberg ist schwer gebeutelt.

Wer auf dem Flughafen Stuttgart landet und im Bus zum Terminalgebäude gefahren wird, sieht an den Flugzeugzugangsbrücken die Aufschrift »LBBW – Banking Made in Germany«. Diesen Claim der Stuttgarter Landesbank kann man heute bei weitem nicht mehr so positiv verstehen, wie ihn die Werbeabteilung einst konzipiert hat. Vielmehr erscheint er wie eine bitter-ironische Pointe zur Finanzkrise, in die auch die größte deutsche Landesbank mit riskanten, aufgeblähten Geschäften und entsprechenden Milliardenverlusten unrühmlich involviert war. Sie musste vom Land, von den Sparkassen und der Stadt Stuttgart mit fünf Milliarden Euro gestützt werden und schreibt weiterhin tiefrote Zahlen.

Von eklatanten Niedergängen und Skandalen ist seit einigen Jahren auch das sprichwörtliche Musterländle nicht mehr verschont. Vor einem Jahrzehnt erregte das Scheitern der Firma Flowtex großes Aufsehen. Solch eine betrügerische Milliardenpleite ist ein von Kriminellen und Windhunden der Wirtschaft, die Politiker geradezu spielend blenden konnten, herbeigeführter Ausnahmefall. Doch auch ganz traditionelle Markenhersteller können in die Insolvenz schlittern, wenn sie in die Hände von Finanzinvestoren gefallen sind. Beispiele dafür sind der Göppinger Modellbahnbauer Märklin oder die von ihren Eigentümern ohne Not zugrunde gewirtschaftete ehemalige Nobelmarke Schiesser in Radolfzell. Für das überregionale Publikum wurde der Niedergang des Wäscheherstellers kurzzeitig vor allem dadurch interessant, dass der Potsdamer Modeschöpfer Wolfgang Joop verlauten ließ, er könne mit seinem Ingenium den Produkten der Firma wieder Attraktivität verleihen. Tatsächlich stieg Joop, wie im Juni 2010 bekannt wurde, mit einer Beteiligung bei Schiesser ein, um das Unternehmen in Sachen Strategie, Design und Marketingauftritt zu beraten.

Nicht nur Schiesser schaffte es, durch die Verlegung von Produktionsstätten ins Ausland seinen Ruf ernstlich zu beschädigen. So erging es auch dem Kuscheltierhersteller Steiff, der seinen außerordentlichen Qualitätsnimbus mit einer Billigproduktion in Shanghai verlor. Auch wenn mittlerweile umgesteuert und die chinesische Fabrikation wegen schludrig ausgeführter Arbeiten eingestellt wurde, ist Grupp der Meinung, dass das Markenimage stark angegriffen ist. Damit hat er recht, denn schließlich arbeitet das Gros der Beschäftigten der Firma heute in Portugal, Tunesien und in der Türkei, nicht aber im schwäbischen Giengen. Made in Germany, für das Steiff einst ein Synonym war, verkommt in solch einem Fall durch das Aufspringen auf den Trend der globalisierten Produktion zu einer blassen Erinnerung. Mittlerweile ruft das nur noch wenig mehr als ein Schulterzucken hervor.

Als wirklich bewegend und erschütternd wurde das Scheitern von Adolf Merckle aufgenommen, der sich Anfang 2009 vor einen Zug warf. Dem vierundsiebzigjährigen Unternehmer war es in rastloser Tätigkeit gelungen, einen verschachtelten Konzern aufzubauen, der immense internationale Ausmaße besaß. Ratiopharm, Phoenix Pharmahandel, Heidelberg Cement und weitere operative Firmen gehörten zur Merckle-Gruppe, deren Kontrolle von über einem Dutzend ineinander verschränkter Holdingfirmen ausgeübt wurde. An der Spitze des als Steuersparmodell konstruierten, völlig intransparenten Firmenportfolios, das an die dreißig Milliarden Euro Jahresumsatz erzielte und hunderttausend Mitarbeiter beschäftigte, stand ein Sohn des Konzerngründers, aber der Senior übte im Hintergrund immer noch die Macht aus. Der angeblich fünftreichste Deutsche brach zusammen, als ihm die zahlreichen Gläubigerbanken zum Jahresende 2008 aufgrund überbordender Milliardenverschuldung die Kontrolle über sein nicht mehr steuerbares Lebenswerk entzogen. Er hatte sich schlimm verzockt.

Grupp kannte den lange Zeit als schwäbischen Vorzeigeunternehmer gefeierten Patriarchen von verschiedenen Gelegenheiten, er schätzte ihn. Ein halbes Jahr vor dem schrecklichen Ende waren sich die beiden Männer zuletzt begegnet. Merckle hatte Grupp bei der Gelegenheit zu dessen beträchtlicher Verwunderung gesagt, er beneide ihn. Wie war das gemeint? Wollte der Milliardär aus Blaubeuren etwa den Millionär hochnehmen? Im Januar darauf verstand der Burladinger, was Merckle gemeint hatte. Schließlich agierte er wirtschaftlich unabhängig und nicht als ein Getriebener des Verschachtelungswahns, dem Merckle verfallen war, um weiter und weiter zu expandieren. Wenn Grupp den Verlust der Bodenhaftung in der Wirtschaft anprangert, dann meint er nicht per se eine Persönlichkeit wie Adolf Merckle, aber dieser in seiner letzten selbstmörderischen Konsequenz so tragische Fall beinhaltet all das, was der Mittelständler von der Schwäbischen Alb als unverantwortlich kritisiert: unüberschaubare Strukturen, auf Spekulation basierende Geschäftsmodelle und letztlich unwägbare Risiken. All das sei imstande, die Führungskräfte zu überfordern und ganze Firmen mitsamt ihren Mitarbeitern in die Tiefe zu reißen. Im Fall von Merckle hat es das Oberhaupt getroffen, nicht aber die maßgeblichen Unternehmen des Firmenimperiums, denn sie weisen keine leistungswirtschaftlichen Probleme auf. Das ist ein wesentlicher Unterschied zu sonst üblichen Abläufen, wo die Firmen scheitern, während viele Verantwortliche wohldotiert weiterziehen.

Zu dem in Interviews, Talkshows und Vorträgen geäußerten Kritikrepertoire Wolfgang Grupps gehört seit Jahren schon, Großmannssucht in der Wirtschaft zu geißeln. Damit richtet er sich in erster Linie gegen expansionswütige Unternehmer und Managemententscheidungen, die wie bei Edzard Reuter und Jürgen Schrempp zu Milliarden verschlingenden Desastern führen. Dabei ist Zurückhaltung nicht die Sache des schwäbischen Unternehmers, dessen Firma einen Jahresumsatz von fünfundachtzig Millionen Euro erzielt, weder im Hinblick auf seine öffentlichen Auftritte noch in Bezug auf seinen persönlichen Lebensstil. Wäre er Protestant wie die Neckarschwaben, würde er vermutlich in seiner Umgebung gehörig Anstoß erregen, doch die katholischen Schwaben waren schon immer etwas barocker und lebensfroher, wie der Fernsehjournalist Ulrich Kienzle bei der Charakterisierung des aus seiner Sicht »neureich« prunkenden Burladingers ausführte. Die Autos, der Hubschrauber und die Eigenjagd erregen kein wirkliches Aufsehen, mehr vielleicht die Sache mit der Ruhestätte, die im Juli 2009 angelegt wurde. Wolfgang Grupp bekam mit einstimmiger Billigung des Gemeinderates mehr als sechshundert Quadratmeter der Fläche zur Nutzung, die am Rand des kommunalen Friedhofs neu erschlossen wurde. Dort stand zuvor eine Ruine, die die Gemeinde abreißen und durch Parkplätze ersetzen ließ. Umfriedet von einer halbhohen weißen Mauer, die ähnlich der sein Haus umgebenden Mauer gebaut wurde, liegt die von einem Reutlinger Landschaftsarchitekten gestaltete künftige Grabstätte nahe der katholischen Kirche St. Fidelis und nur ein paar Meter vom bisherigen Familiengrab entfernt.

Die Presse griff dieses Thema freudig auf, denn es ragte ideal aus dem Sommerloch heraus. Der Unternehmer, so die *FAZ*, habe sich eine Ruhestätte gestalten lassen, gegen die sich die der württembergischen Könige auf dem Rotenberg »fast bescheiden« ausnehme. In ähnlichem Tenor berichteten

Schlicht und aufsehenerregend: die künftige Grabstätte Wolfgang Grupps und seiner Angehörigen.

viele Zeitungen, nicht nur im Südwesten, da der Trigema-Chef weithin bekannt ist. Welcher Terminus passt zu diesem Geschehen besser als »Protzgrab«, von dem die Boulevardpresse sprach? – Etwa Größenwahn, also das, was der Unternehmer sonst bei seinesgleichen und beim Topmanagement anprangert? In diese Kerbe konnte man munter schlagen, auch wenn sich nur die wenigsten Journalisten die frei zugängliche Anlage persönlich angesehen hatten.

Große Familiengräber auf Gemeindefriedhöfen sind selten. Sie stammen zumeist aus der wilhelminischen Epoche, als die Städte rapide wuchsen und Ruhestätten für die kommenden Jahrzehnte außerhalb des bisherigen Stadtgebiets angelegt wurden. Dort gab es gestalterischen Freiraum, den einige herausragende Familien oder Persönlichkeiten nutzten und sich sogar Mausoleen anlegen ließen. Ein besonderes Beispiel dafür ist der Südwestkirchhof Stahnsdorf im Süden von Berlin, der bald nach dem Jahr 1900 belegt wurde. Dort befindet sich das Erbbegräbnis der Siemens, umgeben von einer Steinmauer, mit Gräbern aus vier Jahrzehnten. Auch die sterblichen Überreste des Firmengründers Werner von Siemens wurden 1922 dorthin überführt. Wer das Siemens-Grab einmal aufsuchte und dabei vor dem geistigen Auge einen wichtigen Teil der deutschen Technologiegeschichte ablaufen ließ, der hat eine Grabstätte gesehen, der die künftige der Familie Grupp in ihren Ausmaßen nahe kommt.

Die im Nachgang auf die breite Presseresonanz zum Grupp'schen Grab im Sommer 2009 geäußerten Erklärungs- und Rechtfertigungsversuche wirkten wie vergebliche Liebesmüh. So ließ etwa Bürgermeister Ebert verlauten, Grupp persönlich trage die Kosten der für die Grabanlage nötigen Friedhofserweiterung. Zudem sei er doch ein um den Ort verdienter Arbeitgeber und Stifter. Da solle man ihm das nachsehen. Vom dereinstigen Nutzer des Familiengrabes war zu hören, es handle sich keineswegs um ein aufwändiges »Mausoleum«, sondern lediglich um eine schlichte, wie ein kleiner Park frei zugängliche Anlage. Es werde nur seinen Namensschriftzug in der Begrenzungsmauer und eine Grabplatte geben, mehr nicht. Schließlich sollten seine Hinterbliebenen keine Mühe damit haben, erklärte der Unternehmer. Dass dort noch fünf weitere Felder für mögliche Bestattungen vorbereitet wurden – was auf die Ehefrau, die beiden Kinder und deren künftige Ehepartner schließen lässt –, verleiht dem neuen Familiengrab einen sonderbaren Charakter.

Für Grupp ist das ein konsequenter Schritt seiner Lebensplanung, auch über den Tod hinaus. Bis in die letzten Dinge hinein scheint der nicht zum Delegieren neigende Firmen- und Familienpatriarch alles geregelt zu haben. Man kann dies als Gestaltungswillen oder aber als Kontrollwahn interpretieren. Freiraum für die engsten Angehörigen sähe anders aus. So klingt es nach Koketterie, wenn Wolfgang Grupp im Fernsehen bei Harald Schmidt sagt, zu Hause habe er das Regiment an seine vierundzwanzig Jahre jüngere Frau Elisabeth abgegeben, denn mit ihr habe er sich eine zwangsläufig moderne, emanzipierte Frau an seine Seite geholt. Unüberhörbar sagt sie ihm schon mal ihre eigene Meinung, aber in Fragen der Firmenleitung und der Erziehung ihrer Kinder ziehen sie an einem Strang. Genaugenommen ist und bleibt er aber der Herr im Haus, der die Richtung angibt.

Die in der Presse im Hinblick auf das Grab ausgeschüttete Häme wurde in der Öffentlichkeit zweigeteilt aufgenommen. Wie etwa in den Online-Kommentaren der Leser des *Südkuriers* dokumentiert, sahen die einen in Wolfgang Grupp den zur Übertreibung neigenden Egomanen. Die anderen aber wehrten die Kritik als unreflektierte Auswüchse der Neidkultur ab. Überzogen und unnütz sei eher das gigantische Bahnhofsbauprojekt »Stuttgart 21«. Grupps langjährige Verdienste um den Erhalt von Produktionsarbeitsplätzen in der strukturschwachen Region müsse man würdigen. Daher sei es unerheblich, ob der reiche Mann einst seine Asche in den Weltraum schießen oder sich auf der großen Privatgrabstätte in Burladingen beerdigen lasse. Er verdiene Respekt für seine Leistung. Ihm müsse man ein Denkmal setzen! Und es bleibe zu hoffen, das mit ihm nicht auch das Unternehmen begraben würde.

Damit ist eine Frage von eminenter Bedeutung angeschnitten: Wie sieht es mit der Nachfolge in der Leitung von Trigema aus?

In seiner Firma tritt Wolfgang Grupp als Patriarch auf. Er kontrolliert alles nur Erdenkliche und steuert seit vier Jahrzehnten die Geschicke des Geschäfts. Er ist stolz auf seine Leistung, dank der konsequenten Rationalisierung und Vertikalisierung bei anhaltender Profitabilität den Fortbestand gewährleisten zu können. Elisabeth Grupp arbeitet im Großraumbüro einige Schreibtische von ihrem Mann entfernt. Ihre Blicke können sich dort kreuzen. Dabei hat das Paar den Großteil der Mitarbeiter im Blick. Vor einigen Jahren schon hat der Inhaber seine Frau zur Alleinerbin eingesetzt. Sollte ihm etwas zustoßen, erhielte sie die Kontrolle über die Firma. Das erscheint ihm als die beste Lösung, denn seine Frau müsse Entscheidungsfreiheit darüber haben, wie es nach ihm weiterginge, ob Bonita oder ihr Bruder Wolfgang die Geschäftsführung erhielten. Das erscheint als wohlüberlegte Lösung, die nichts damit zu tun hat, dass Wolfgang Grupp allgemein das Heft aus der Hand gibt. Noch ist und bleibt er der Alleinherrscher.

Der bruno-banani-Inhaber Wolfgang Jassner kennt den etwa gleichaltrigen Schwaben seit langem. Er sieht bezüglich der Nachfolgefrage bei Trigema ein strukturelles Problem in Wolfgang Grupps Führungsstil. Seine Kritik begründet er mit einem schlichten Satz: »Neben dem wächst nichts, das ist halt so.«

Ist es absehbar, dass Grupp seinem Junior oder der Tochter einen Platz gewährt, auf dem sukzessive gelernt und Verantwortung übernommen werden kann, bis die tatsächliche Stabübergabe möglich und angebracht ist? Diese entscheidende Frage ist derzeit nicht zu beantworten. Jassner hat mehrere Kinder, die älter sind als Wolfgang Grupp junior und seine Schwester. Einen seiner Söhne hat er bewusst an die Arbeit bei bruno banani herangeführt. Schon seit 2008 ist Jan Jassner Geschäftsführer neben dem Vater. Während der Senior vorwiegend für Produktion und Lizenzen zuständig ist, sorgt der designierte Nachfolger derzeit für Vertrieb und Verwaltung. Es gibt auch andere Lösungen, etwa wie beim Albstädter Wäschehersteller Mey. Die auch in Portugal und Ungarn produzierende mittelständische Firma wird seit einigen Jahren von einem familienfremden Geschäftsführer gesteuert.

Wie die Zukunftslösung bei Trigema ausfällt, steht gegenwärtig noch nicht fest. Unübersehbar allerdings bleibt das Engagement Wolfgang Grupps, der vital und gesund erscheint und voller Selbstdisziplin jeden Morgen pünktlich vor sieben Uhr in seinen schmalen Pool steigt und acht Bahnen schwimmt, was eine Strecke von dreihundertsechzig Metern ergibt. Das sei seine »erste Pflicht« des Tages, unabhängig von der Außentemperatur. Selbst wenn es im Winter draußen zehn Grad unter null ist, lässt er das Wasser auf achtzehn bis neunzehn Grad temperieren und schwimmt unter dem Burladinger Himmel. Ihm geht es um seine körperliche Fitness und darum, dass er danach erfrischt für alle anstehenden Gespräche bereit ist.

Sein wuchtiger Mercedes, dessen Beifahrersitz nach hinten gedreht ist, damit er sich mit der Person, die darauf Platz genommen hat, von Angesicht zu Angesicht unterhalten kann, verbraucht im Stadtverkehr um die zwanzig Liter. Grupp wartet sehnlich auf eine Hybridversion des 600ers, doch in Sindelfingen hat man diese moderne Antriebstechnik schlicht verschlafen. Er bedauert, dass die einstige schwäbische Vorzeigefirma Mercedes Benz infolge der seiner Meinung nach »sinnlosen Diversifikation« ihre ursprüngliche Vorrangstellung an andere Hersteller abgegeben habe. Innovationen seien für ein Hochlohnland wie die Bundesrepublik das A und O. Früher habe Mercedes jeden wegweisenden

Innovationsschritt der Branche als Erster gemacht, wie die Einführung von ABS und Airbag belegen. Nun aber hätten seit langem die Japaner die Nase vorn. Das ärgert ihn, denn wenn Mercedes den ersten Wagen mit Hybridantrieb ausliefert, wird die fernöstliche Konkurrenz bereits mehr als eine Million Stück davon verkauft haben. Dennoch, einen Lexus mit Hybridantrieb will der statusbewusste Burladinger bestimmt nicht fahren. Da wartet er lieber notgedrungen noch einige Jahre, bis die heimische Autoindustrie endlich so weit ist, und nutzt weiter die von seinem Personal liebevoll gepflegte S-Klasse.

Ein Kaufmann, der die Belegschaft seines Unternehmens als Betriebsfamilie bezeichnet, erscheint geradezu anrührend und sentimental, mit einem Wort: unzeitgemäß. Heute dominieren Euphemismen die Wortakrobatik vieler Inhaber, Manager und Geschäftsführer. Zahllose Firmen üben sich seit Jahren, unabhängig von den Einflüssen der jüngsten Finanz- und Wirtschaftskrise, im Outsourcen, Downsizen, De-Investieren und Freisetzen, wobei es zumeist darum geht, im Lauf der Jahre teuer gewordene Mitarbeiter oder gleich deren Arbeitsbereiche abzustoßen. Die als Ersatz hinzugekauften externen Dienstleistungen belasten nicht in Form von festangestellten Kräften. Oder aber durch die Neugründung von Tochtergesellschaften mit neuen Arbeitsverträgen wird der Schnitt gemacht, der die mit den gleichen Tätigkeiten wie bisher betrauten Angestellten ein paar Tage Urlaubsanspruch sowie Urlaubs- und Weihnachtsgeld kosten kann. Dass dabei die gemeinschaftliche Bindung der bisherigen Betriebszugehörigkeit verloren geht, wird als bagatellisierbarer Kollateralschaden in Kauf genommen, denn das Denken von externen Beratern und Controllern ist mit Rückendeckung der Chefetage maßgeblich.

Scheitert gar ein ganzes Unternehmen und geht in die Insolvenz, dann kann es zum Ausnahmezustand kommen, der auf einen Schlag Hunderten, ja bisweilen Tausenden die sicher geglaubte Lebensgrundlage entreißt. In der deutschen Textil- und Bekleidungsindustrie sind derartige Abstürze keine Seltenheit gewesen, wie die Insolvenzen von Steilmann, Trevira, Escada und Schiesser belegen. In höherer Potenz hat sich das geschäftliche Desaster beim Fürther Versandhaus Quelle abgespielt. Wolfgang Grupp sieht diese Niedergänge. Er erlebt sie als teilnehmender Beobachter um sich herum auf der Schwäbischen Alb oder aber durch die Schilderungen in Unternehmerkreisen und in den von ihm wahrgenommenen Medien. Quelles Aufstieg in den fünfziger Jahren war symbolhaft für das deutsche Wirtschaftswunder. Gustav Schickedanz und seine Frau Grete standen für ein schnell wachsendes, einkommensstarkes Unternehmen, das auch Textilien aus Burladingen im Angebot hatte.

Im Frühjahr 2010, als am fränkischen Standort die letzten Lichter ausgeknipst wurden, gingen einige derer auf die Bühne, die ihre Arbeit und damit ihre Mitte verloren hatten. Im Theater der Stadt Fürth wollten sie ihrer persönlichen Betroffenheit über die Insolvenz Ausdruck verleihen. Dabei kam zutage, dass der persönliche Stellenwert der jahrelangen Arbeit für das Versandhaus von immenser Bedeutung war. Man habe zusammengehalten wie in einer richtigen Familie, habe von und für Quelle gelebt. Entsprechend tief ging die Verletztheit, die der Zusammenbruch des Arbeitgebers hervorrief. Entsprechend groß waren Enttäuschung und bisweilen sogar Wut über das nunmehr Unabwendbare.

Was kommt danach in einer sogenannten strukturschwachen Region? Was folgt nach der Zahlungsunfähigkeit von Schiffbaubetrieben an Nord- und Ostseeküste, was bleibt, wenn Quelle in Fürth und Schiesser in Radolfzell die Tore schließen? Wolfgang Grupp kann sich angesichts der dann folgenden Abläufe in Rage reden, ja er kann geradezu aggressiv werden, wenn er über die gängige Insolvenzpraxis spricht. Besonders bringt ihn die Möglichkeit auf, dass die Inhaber auch nach dem Scheitern noch mit hohen Vermögenswerten davonkommen können. Grupp erklärt, er stehe im Wort mit der Garantie der Trigema-Arbeitsplätze. Er zielt nicht darauf ab, in Kürze einen ruhigen Lebensabend an der Côte d'Azur zu verbringen, mit Villa, Yacht und was sonst noch dazugehören mag. Das wäre ihm ein Graus, zu langweilig. Wie schon erwähnt, ist für Grupp das Schönste im Leben das Gefühl, gebraucht zu werden. Die größte Erfüllung wäre für ihn, wenn er seinen Angehörigen ein Unternehmen hinterließe, welches zu seiner Zeit den Kindern der Mitarbeiter einen Arbeitsplatz garantieren konnte und nie jemanden von der Belegschaft aus Arbeitsmangel entlassen musste. – Wenn man an seinem Sarg zu Recht ausspräche, er sei erfolgreich gewesen.

Der Unternehmer hat in der deutschen Wirtschaft seit den sechziger Jahren viel gesehen. Vor dem Hintergrund des Erlebten weiß er, dass es keine Kunst ist, kurzfristig Erfolg zu haben. Vielmehr sieht er es als wirkliche Herausforderung und große Leistung an, den Erfolg über lange Zeit »durchzustehen«. Daher könne eine wirkliche Bilanz erst gezogen werden, wenn man selbst abdanke oder aber beerdigt werde. Dafür, dass seine persönliche Bilanz positiv ausfällt, hat er bislang in mehr als vier Jahrzehnten im täglichen Einsatz Sorge getragen. Dabei hat er ein Vermögen verdient. Die

Wolfgang-und-Elisabeth-Grupp-Stiftung, die ausschließlich in Burladingen und Umgebung wirkt, ist nicht die Krönung seines Strebens. Die Krönung wäre nicht weniger als das Wissen darum, dass er es vermocht hat, in seiner in Deutschland schrumpfenden, ja sterbenden Branche den Betrieb vor Ort für mehr als tausend Leute in profitabler Weise aufrechtzuerhalten. Damit hätte er mehr erreicht als etwa sein Vater, den er als stattliche Erscheinung und Vorbild für vieles im Privaten schätzte und den er im Hinblick auf ökonomische Umsicht im Betrieb übertreffen konnte. Er hätte – und das scheint er anzustreben – in der Popularität angeknüpft an seinen Großvater Josef Mayer.

Wolfgang Grupp ist der zu Pathos und Leidenschaftlichkeit neigende Patriarch von Firma und Mitarbeitern. Er lässt sich gern feiern von der Belegschaft und den örtlichen Vertretern der Politik. Daher inszeniert er Firmenjubiläen oder auch phantasievoll konstruierte Geburtstagsanlässe – hun-

Kein Betriebsfest ohne Stil: Die Inhaberfamilie zieht im Festzelt ein.

dertvierzig Jahre Familie Grupp, wobei seine Lebensjahre und die der Kinder und der Ehefrau zusammengezählt werden – als Feier der Trigema-Betriebsfamilie. »Wie bei Hofe«, heißt es bei diesen Gelegenheiten mitunter in der Berichterstattung der auswärtigen Journalisten. Die Burladinger nehmen das weitaus gelassener. Sie sind offenkundig froh, dass »der Grupp« ihr Arbeitgeber bleibt, auch wenn er aus seinen Leuten alles herausholt, was sie zu leisten imstande sind. Nicht wenige Gesichter wirken erschöpft von der Arbeit, aber es ist ein gänzlich anderer Eindruck als etwa jener, den die Gesichter der um ihre Zukunft bangenden Autobauer in Bochum und Erfurt oder der entlassenen Quelle-Mitarbeiter erwecken.

Von Letzteren war auf der Theaterbühne in Fürth zu hören, es sei eine Ehre für sie gewesen, für das Versandhaus zu arbeiten. Darin entdeckte eine Journalistin der *Süddeutschen Zeitung* den »Stolz des bekennenden Arbeitnehmers, der sich identifiziert mit seiner Firma«. Das wirkt in den Zeiten von Outsourcing und erodierenden Bindungen im Arbeitsleben so fremd wie Grupps Lieblingsbegriff der Betriebsfamilie. In eine Familie wird man hineingeboren, den Arbeitgeber kann man sich – wie einen Ehepartner – aussuchen. Aber haben die Menschen in Fürth und Burladingen wirklich eine Wahlmöglichkeit gehabt? Der gern mit dem unausweichlichen Strukturwandel erklärte Rückgang an Alternativen ist in solchen Regionen eklatant. Was bliebe denn stattdessen? Die Übersiedlung in die wenigen deutschen Wachstumszentren mit umfassender Umschulung oder Fortbildung? Das erscheint selbst in Baden-Württemberg für Arbeitnehmer, die über vierzig Jahre alt sind, kaum möglich.

Hans-Olaf Henkel bezeichnete Wolfgang Grupp als eine

Im Garten der Villa: Die Grupps rücken für ein Imagefoto zusammen (2009).

Art Heiner Geißler des Unternehmertums, bezogen auf die Häufigkeit und Gründe dafür, in Polit-Talkshows eingeladen zu werden. Das hatte der ehemalige BDI-Präsident durchaus negativ gemeint. Doch eigenartig, es steckt in gewissem Sinne etwas Positives in der Aussage: Der Politiker Geißler, den der Journalist Heribert Prantl anlässlich des achtzigsten Geburtstags als »Missionar der CDU« bezeichnete, gilt als ein kritischer Geist, der seine eigenen Kreise immer wieder durch unorthodoxe, alles andere als stromlinienförmige Argumente in Rage brachte. Beispielsweise kritisierte er schon Jahre vor der Finanzkrise den modernen Kapitalismus, da er in wachsendem Maße die Arbeit eliminiere und den Beschäftigten die Arbeitsplätze nehme. Die Schwaben Geißler und Grupp sind katholisch, haben Jesuitenschulen besucht, setzen ihre Redegewandtheit ein und verhalten sich zumeist alles andere als konform. Beide sind Koryphäen auf ihrem Gebiet und erreichen auf unterschiedlichen Wegen hohe öffentliche Präsenz, wobei Geißler freilich als der intellektuellere Gesprächspartner geschätzt wird. Der Politiker braucht diese Präsenz, sie gehört zu seiner Profession. Der Unternehmer benötigt sie aber genauso, denn sie ist Teil seines Geschäftsmodells und innerer Antrieb für seine Rolle als Missionar des Mittelstandes. Elisabeth Grupp, die das seit über zwei Jahrzehnten aus nächster Nähe miterlebt, ist stolz auf ihren Mann, unter anderem weil er seine Ziele ohne opportunistisches Verhalten oder gar Schleimerei verfolge. Wolfgang Grupp weiß sehr genau, dass er sich seine lautstarken Eigenheiten leisten darf. Schließlich kann er aus langjähriger Erfahrung einschätzen, was die Konsumenten Tag für Tag an seine Kassen oder ins Onlineportal von Trigema lenkt und ob die Bilanz noch stimmt.

Sein Geschäftsmodell der maximalen Produktion und der selbst geschaffenen Vertriebswege erscheint fragil. Es wirkt wie eine Mischung aus permanentem Ritt über den Bodensee und einem Rennen von Hase und Igel, denn wo auch immer Trigema-Ware angeboten wird, ist die Konkurrenz mit dem »hipperen« Image oder den niedrigeren Preisen schon da. Wie lange lässt sich dieser Gaul reiten? Wann ist der Hase ratlos und müde? Grupp gönnt sich keine Ruhe, das kann er nicht. Ministerpräsident Günther Oettinger hatte ihn im Sommer 2007 beim Besuch des Trigema-Fests aufgerufen, noch über das siebzigste Lebensjahr hinaus an der Spitze zu verbleiben. Tatsächlich steuert der Patriarch genau dies an. Er will auch in absehbarer Zukunft nicht an einen Nachfolger übergeben. Möglicherweise geschieht das in einigen Jahren, wenn sein Sohn das Wirtschaftsstudium absolviert hat. Dann wäre Wolfgang Grupp fast so alt wie sein Vater, als der Anfang der siebziger Jahre angesichts des ungestümen Sohnes in den Hintergrund trat. Vielleicht motiviert ihn das Wissen um die moralische Kraft, die in seinem Handeln liegt, etwas, das der Gründer des Medienkonzerns Bertelsmann, Reinhard Mohn, einmal so formulierte: »Das gesellschaftspolitisch verantwortlich geführte Unternehmen ist in jedem Fall das leistungsfähigere.«

Trotz seines Hintergrundes als Firmenerbe ist Grupp so etwas wie ein Selfmademan. Schließlich hat er sich selbst eine Unternehmensverfassung und bodenständige Unternehmensphilosophie geschaffen, die ihn befähigte, Trigema profitabel durch die Jahrzehnte zu bringen. In Vorträgen sagt er gern, er sei 1969 ohne Zaudern nach Burladingen gegangen. Dass er dafür seine Dissertation opferte, reut ihn nicht, denn es sei »besser, eine Firma ohne Doktortitel zu haben, als einen Doktor ohne Firma«. So schlank wie der Inhaber ist auch die Zentrale aufgestellt. Ein Verwaltungswasserkopf, etwa rekrutiert aus Absolventen renommierter Business Schools, konnte bei Wolfgang Grupp nicht entstehen. Damit hat er bislang gut leben und arbeiten können.

Trigema bringt das Kunststück fertig, Löhne und Gehälter zu zahlen, die zweiundfünfzig Prozent des Produktionsumsatzes erreichen. Es gibt nicht wenige Unternehmer, die ihre Auslandsproduktion damit rechtfertigen, dass es nicht möglich sei, mehr als zehn Prozent der Umsatzhöhe als Gehälter aufzuwenden. Die Burladinger Praxis belegt das Gegenteil. Modellhaft wirkt sie dennoch nicht. Das von Wolfgang Grupp entwickelte Geschäftsmodell beruht elementar darauf, dass es auf seine Persönlichkeit ausgerichtet ist. Er ist ein

Sonnenkönig mit kleinem Hofstaat, der von seinen Mitarbeitern wegen seiner Entscheidungsfreude und Solidität geschätzt wird. Nicht nur ihnen nötigt er Respekt ab, sondern auch den Menschen im Lande, die es beeindruckt, dass hier einer an der Produktion in Deutschland festhält. Seine Exzentrik und seine Auftritte als wirtschaftsethischer Mahner kann man akzeptieren. Unter dem Strich bleibt Wolfgang Grupp authentisch. Das Wesentliche ist: Er bringt eine Leistung, die nicht nur ihm, sondern seinen Mitarbeitern und mittelbar auch der Allgemeinheit nützt. Bei alledem stellt sich letzten Endes eine unausweichliche Frage. Es ist eine, die in Kenntnis des das Unternehmen vollkommen dominierenden Inhabers nicht beantwortet werden kann. Das macht beklommen, wenn man an die Zukunft von Trigema denkt. Die Frage lautet: Wer hat das Potenzial und die Kompetenz, die Nachfolge dieses Mannes anzutreten?

Die drei am Anfang dieses Buches beschriebenen Herren aus der Fernsehwerbung, Claus Hipp, Albert Darboven und Wolfgang Grupp, stehen für inhabergeführte Familienunternehmen, die eine fast identische Mitarbeiterzahl aufweisen. Die Hipp-Gruppe, die weltweit der größte Verarbeiter von Biolebensmitteln ist und die Gemüseanbau sowie Handel über Niederlassungen in Deutschland, Österreich, der Schweiz, Kroatien und etwa der Ukraine betreibt, weist in der Unternehmensleitung gleich einige Angehörige der Familie auf. Zwei Generationen sind hier seit langem tätig, sodass die Übergabe in nachfolgende Hände keinem abrupten, sondern einem kontinuierlichen Prozess gleichkommt. Insofern scheint der 1938 geborene Claus Hipp alles richtig gemacht zu haben.

Der zwei Jahre ältere Albert Darboven führt weiterhin die

Geschicke des Kaffeerösters in einem unwirtlichen Gewerbegebiet des Hamburger Stadtteils Hammerbrook. Sein Sohn Albert Ernesto, Jahrgang 1964, wurde schon in den neunziger Jahren in die Geschäfte und die Geheimnisse des Kaffees eingeführt. Dass die beiden Seite an Seite arbeiten, ist allerdings seit 2008 vorbei. Der aus erster Ehe entstammende Kronprinz entwickelte Vorstellungen von der zeitgemäßen Vermarktung des Kaffees, die seinem Vater missfielen. Bald schon kam es zu einem klassischen Generationenkonflikt, der dazu führte, dass sich der Junior, der Kommanditist des Familienunternehmens ist, selbständig machte und das Handelsunternehmen Darboven Trading gründete. Wie es aussieht, fehlt damit die Möglichkeit zur reibungslosen Übergabe des seit 1866 bestehenden Kaffeehauses, das rund dreihundert Millionen Euro Jahresumsatz erzielt. Daher muss der Senior weiter im Chefbüro die Fäden ziehen, obwohl er sich als Pferdezüchter, Sportsmann und Mäzen mehreren erfüllenden Betätigungsfeldern widmet. Was denken die eintausendeinhundert Mitarbeiter über die Zukunft ihres Arbeitgebers? Dass Albert Darboven dafür einsteht, den Firmensitz in Hamburg zu bewahren, werden sie vorbehaltlos begrüßen. Aber was wird später kommen?

Bonita und Wolfgang Grupp junior leben schon seit vielen Jahren nicht mehr in der Welt ihrer Eltern in Burladingen, da sie, ähnlich wie ihr Vater, ein weit entferntes Internat besuchten. Jetzt studieren beide Betriebswirtschaft und Management in London. Die Tochter ist am Kings College eingeschrieben, der Sohn an der City University. In der britischen Metropole kann nicht nur recherchiert und gebüffelt, sondern auch jugendliche Lockerheit ausgelebt werden. Wie weit das geht, hat der Vater nicht im Auge. Er vertraut seinen

Kindern und freut sich darüber, dass sie ihm akribisch Rechenschaft über die Ausgaben des ihnen zur Verfügung gestellten großzügigen Salärs geben. Die 1989 geborene Bonita Grupp hat von klein auf sehr viel von Trigema mitbekommen und bereits in einigen Abteilungen praktische Erfahrungen gesammelt. Sie kann sich durchaus vorstellen, eines Tages im heimischen Unternehmen zu arbeiten. Ihr Studium sieht sie als eine Grundvoraussetzung dafür an. Allerdings will sie sich derzeit in beruflicher Hinsicht noch nicht festlegen. Man wisse nie, was die Zukunft bringe. Ganz ähnlich stellt sich die Lage bei ihrem anderthalb Jahre jüngeren Bruder dar. Er sagt, es wäre »ein Traum, später einmal in der Geschäftsleitung zu sein«. Zuvor möchte er aber das studieren, was ihn dazu befähigt, in die Firma einzutreten, und seine Qualifikation beweisen. Die Entscheidung darüber, ob er im Familienunternehmen tätig wird, sieht der junge Mann bei seinen Eltern. Den Geschwistern scheint aufgrund ihrer vielfältigen Kontakte aus London und Aiglon eine Reihe möglicher Berufswege offen zu stehen. Somit setzen sie nicht allein auf eine Karte, die Trigema heißt.

Beileibe nicht alles lässt sich lernen oder planen, es kommt ganz elementar auch auf Befähigung und Talente an. Ist es etwa denkbar, dass eines Tages Wolfgang Grupp junior anstelle seines Vaters die Rolle im TV-Werbespot übernimmt und ähnlich deutlich als Botschafter für Trigema auftritt, indem er durch den Nähsaal schreitet? Albert Darboven weiß, dass in der Werbung der Erfolg entscheidend davon abhängt, ob jemand Charisma hat. In den Augen des Betrachters müsse das Bild stimmig sein, da helfe alles Wunschdenken nicht. Darüber hinaus verkündet der Hamburger Kaffeemagnat eine Binsenweisheit des Wirtschaftslebens, die auch in einem Textilbetrieb Gültigkeit besitzt: »Nicht die Fähigkeit, Sachprobleme zu lösen, ist das Entscheidende, sondern Menschenführung.« Darauf wird es ankommen.

Elisabeth Grupp hat sich darauf eingerichtet, wenn es nötig sein sollte, »für eine gewisse Zeit als Brückenglied« zu fungieren, bis ihre Kinder die Firmenleitung übernehmen könnten. Sie weiß, dass bei der »kopfgesteuerten« Firma Trigema die Führung völlig auf ihren Mann zugeschnitten ist. Daher erscheint es auch ihr nicht einfach, sich jemand anderen an der Spitze vorzustellen als den Inhaber, der, wie er vor einigen Jahren in einem Interview kundtat, keinen Nachfolger einstellen werde. Letzten Endes setzt sie nicht vollends darauf, dass Bonita und Wolfgang junior ihren Berufs- und Lebensweg mit dem Unternehmen verknüpfen. Der künftigen Entscheidung der Kinder stünden die Eltern »absolut offen« gegenüber. Elisabeth Grupp betont, das Wichtigste sei, dass ihre Kinder glücklich würden. Daher werde ein elterlicher Druck in Richtung der beruflichen Orientierung tunlichst vermieden. Sie und ihren Mann freut es, dass die vierte Generation eine ausgeprägte Liebe zum Elternhaus und zum Familienunternehmen zeige. Darauf, so scheint es, gründet sich die Hoffnung der Grupps: dass das Geschick von Trigema durch sie in Zukunft geprägt wird. Die Besonnenheit, die aus den Worten der Unternehmergattin spricht, wird in dieser Frage von Wolfgang Grupp in der für ihn typischen Vehemenz überlagert: »Wenn ein Sohn die Firma nicht übernehmen will, dann hat der Vater versagt!«

Es bleibt abzuwarten, ob es in einigen Jahren möglich ist, mittels einer neuen Firmenleitung durch kreative Ideen und Erschließung jüngerer Kundengruppen den Fortbestand des Unternehmens zu sichern. Vielleicht finden die Kinder, flankiert von ihren Eltern, den Weg zu Trigema 2.0 – um weiter stolz auf das sein zu können, was 1919/20 von Josef Mayer gegründet wurde.

Dank

Das vorliegende Buch basiert zu einem großen Teil auf der Bereitschaft Wolfgang Grupps, mit mir im Verlauf mehrerer Monate intensive Gespräche zu führen. Für seine meinen Fragen gegenüber gezeigte Offenheit und für den Zeitaufwand bin ich ihm genauso dankbar wie seiner Frau Elisabeth Grupp, die nicht nur manche Information vertiefte, sondern auch eigene Akzente setzte. Erfreulich war für mich auch, dass die Kinder Bonita Grupp und Wolfgang Grupp junior in der letzten Arbeitsphase persönliche Statements über ihren Vater und ihre eigene Entwicklung aus London übermittelten.

Neben den Interviews mit den Grupps wurden Gespräche und Telefonate mit einer Reihe von Persönlichkeiten geführt, die eine inhaltliche Ausweitung der Darstellung möglich machten. Auch diesen Gesprächspartnern sei für ihre Auskunftsbereitschaft gedankt. Konkret nennen möchte ich dabei die Unternehmer Albert Darboven (J. J. Darboven Holding AG & Co. KG), Wolfgang Jassner (bruno banani underwear GmbH) und Lars Lunge (Lunge Laufschuh GmbH).

Hinzu kamen Interviews mit Pfarrer Konrad Bueb (St. Fidelis, Burladingen), Harry Ebert (Bürgermeister, Burladingen), Georg Faigle (IG Metall, Albstadt), Hans-Olaf Henkel, Hardy Kromer (*Hohenzollerische Zeitung*). Für Hinweise und Detailauskünfte bin ich Mara Wawer (Würth-Gruppe) sowie Prof. Dr. Hans Würgler verbunden. Den Gesprächspartnern, die ungenannt zu bleiben wünschten, sei hiermit für ihre Hintergrundinformationen gedankt. Peer Heinelt überließ mir freundlicherweise die unveröffentlichte Langfassung seines Trigema-Aufsatzes. Roland Metzler, dem ersten Leser des Textes, bin ich für inhaltliche Anregungen und Korrekturhinweise zu besonderem Dank verpflichtet.

Darüber hinaus freut mich das Vertrauen, das mir Günter Berg als Programmgeschäftsführer von Hoffmann und Campe entgegenbrachte, nachdem er spontan den Entschluss gefasst hatte, ein Buch über Wolfgang Grupp entstehen zu lassen. Johanna Links vom Verlag stellte wichtige Kontakte her, und Jens Petersen lektorierte den Text in gewohnt routinierter Art, sodass die Erarbeitung dieses Buches verlagsseitig in guten Händen war. Der Auftrag des Verlages, auf die Schwäbische Alb zu fahren und den Trigema-Inhaber als Interviewpartner zu gewinnen, hat mir die Tür zu einer Welt geöffnet, die ihresgleichen sucht. Ich hoffe, sie dem Leser nachspürbar und unterhaltsam erschlossen zu haben.

Erik Lindner, Hamburg, Juli 2010

Literatur- und Quellenangaben

1. Verwendete Korrespondenz von Wolfgang Grupp mit Politikern und Repräsentanten

Wolfgang Grupp an Hans-Olaf Henkel, 26. 11. 1998

Hans-Olaf Henkel an Wolfgang Grupp, 04. 11. 1998

Wolfgang Grupp an Angela Merkel, 08. 11. 2001

Wolfgang Grupp an Wolfgang Schäuble, 01. 12. 2009, 12. 01. 2010

Wolfgang Schäuble an Wolfgang Grupp, 05. 01. 2010, 19. 01. 2010

2. Archivalie

Eidesstattliche Erklärung von Dr. Schübel über Dr. Franz Grupp, 03. 04. 1947, in: Staatsarchiv Sigmaringen, Wü 13 T 2, Nr. 1274 (Az.: 6/V3005)

3. Bücher, Broschüren, Zeitungs- und Zeitschriftenartikel

Reinhold Böhmer, Nur mit Druck, in: *WirtschaftsWoche*, 20. 02. 1997

Andreas Clasen, Fünf Jahre weiter machen. Ministerpräsident zu Gast bei Trigema-Jubiläumsfest, in: *Zollern-Alb-Kurier*, 03.07.2007

Bernd Dörries, Der gebeutelte Musterknabe. Die Wirtschaftskrise hat auch Baden-Württemberg erreicht, doch im Bundesvergleich steht das Land immer noch gut da, in: *Süddeutsche Zeitung*, 19.11.2009

Christine Dössel, Danke, war 'ne super Zeit! »Wie in einer Familie«: Ehemalige Beschäftigte der Firma Primondo/Quelle tragen am Stadttheater Fürth ihre Arbeit zu Grabe, in: *Süddeutsche Zeitung*, 03.02.2010 [zur Quelle-Insolvenz]

Elisabeth Dostert, Sibylle Haas, »Ich putze, solange ich lebe.« Unternehmer Eberhard Sasse über die Kultur des Saubermachens und den Mindestlohn, in: *Süddeutsche Zeitung*, 29.03.2010

Gerhard Fischbach, Wolfgang Jassner, Wachstumschancen einer Unterhose. Oder: Wie man einen Markt erregt, Frankfurt am Main 2003

Michael Freitag, Martin Noé, Mitten aus dem zornigen Leben. Viele Mittelständler sehen sich als Verlierer des Jahres. Drei Unternehmer erzählen, wie es ihnen ergangen ist. Und was sie sich erhofft hatten. Eine streng subjektive Chronik, in: *Handelsblatt*, 23.12.2002

Josef-Otto Freudenreich (Hg.) in Zusammenarbeit mit Meinrad Heck, Wolfgang Messner, Rainer Nübel, »Wir können alles.« Filz, Korruption & Kumpanei im Musterländle, Tübingen 2009

Tina Gaedt, Trigema-Boss als Raser erwischt, in: *Bild* (Ausgabe Stuttgart), 25.06.2007

Tina Gaedt, Trigema-Chef (67) baut sich Protz-Grab, in: *Bild* (Ausgabe Stuttgart), 01. 07. 2009

Wolfgang Grupp, »Wenn Prestige eine zu große Rolle spielt«, in: *FAZ* (Blick durch die Wirtschaft), 20. 05. 1976

Ted Harrison, »Alter Kämpfer« im Widerstand. Graf Helldorff, die NS-Bewegung und die Opposition gegen Hitler, in: *Vierteljahrshefte für Zeitgeschichte* 1997, S. 385–423

Peer Heinelt, T-Shirts für die NSDAP. Trigema – Zur Entwicklung eines mittelständischen Textilbetriebs im »Dritten Reich«, in: *konkret* 7/2006, S. 20–23

Peer Heinelt, Trigema – eine deutsche Erfolgsgeschichte. Zur Entwicklung eines mittelständischen Textilbetriebs im »Dritten Reich«, 2006 [unveröffentlichter Aufsatz mit Quellenangaben, der in gekürzter Form in *konkret* erschien]

Wolfgang Hirn, König Wolfgang I., in: *Manager Magazin* 10/1995, S. 109–113

Ulrich Kienzle, »Wo kommsch denn Du alds Arschloch her?« Die Erfindung des Schwaben. Wie er wurde, was er ist, [o. O.] 2009

Michael Leitl, Star einer sterbenden Branche. Wolfgang Grupps Burladinger T-Shirt-Imperium Trigema feiert 75-jähriges Bestehen, in: *Schwäbisches Tagblatt*, 17. 07. 1995

Sabine Leutheusser-Schnarrenberger, Rede der Bundesministerin der Justiz bei der Haushaltsdebatte am 19. Januar 2010 im Deutschen Bundestag (www.bmj.bund.de)

Dennis Lotter, Jerome Braun, Der CSR-Manager. Unternehmensverantwortung in der Praxis, [o. O.] 2010

Manager Magazin Spezial, Die 300 reichsten Deutschen, November 2009

Sandra Middendorf, Kommunikation im Mittelstand. Der König von Burladingen, in: *Pressesprecher*, Oktober 2006

Alexander Mühlauer, Hannah Wilhelm, »Ich vermarkte mich seit dem ersten Tag.« Moderatorin Gülcan Kamps über die Zurschaustellung ihres Privatlebens, ihr Honorar und das Glück, unterschätzt zu werden, in: *Süddeutsche Zeitung*, 11. 12. 2009

Jürgen Müller, »Anstand zahlt sich aus«. Warum es sich lohnt, in Deutschland zu produzieren. Wieso Unternehmer einen Steuerrabatt verdienen. Wer die Idee mit dem Affen hatte. Der Trigema-Inhaber über sein Unternehmen, unternehmerische Moral und die öffentliche Person Wolfgang Grupp, in: *Textilwirtschaft*, 31. 05. 2007, S. 24–28

Andreas Niesmann, Talkgäste außer Kontrolle. Krawall bei Maischberger, in: *Handelsblatt*, 03. 03. 2010

Rainer Nübel, Loyalität um jeden Preis. Dunkle Geschäfte bei Daimler, in: Josef-Otto Freudenreich (Hg.), »Wir können alles.« Filz, Korruption & Kumpanei im Musterländle, Tübingen 2009, S. 131–142

N. N., Der Anachronist in: *brand eins*, 6/2002

N. N., Erfolge mit T-Shirts, in: *Textil-Wirtschaft*, 18. 12. 1975

N. N., Grupp antwortete auf bissige Fragen gelassen. Friedrich Küppersbusch interviewte Trigema-Chef, in: *Schwarzwälder Bote*, 24. 11. 1997

N. N., Der König von Burladingen, in: *Stuttgarter Zeitung*, 15. 07. 1995

N. N., Konsul Dr. Grupp zum 70. Geburtstag hoch geehrt, in: *Schwäbische Zeitung*, 16. 12. 1975

N. N., Spitzenleistung: Pro-Kopf-Umsatz 87 000 Mark, in: *Schwäbische Zeitung*, 16. 12. 1975

N. N., T-Shirts von Trigema, in: *FAZ*, 12. 12. 1975

N. N., Trigema gegen Daimler. Krieg der Bosse!, in: *Bild* (Ausgabe Stuttgart), 10. 02. 1996

N. N., Trigema-Moden machen sich bezahlt, in: *Stuttgarter Nachrichten*, 12. 12. 1975

Heribert Prantl, Der Missionar der CDU. Das Phänomen Heiner Geißler: Dem Politiker, Autor, Kapitalismuskritiker und Bergsteiger zum 80. Geburtstag, in: *Süddeutsche Zeitung*, 02. 03. 2010

Gregor Preiss, Die Grabstätte ist Luxus nach dem Tod, in: *Stuttgarter Nachrichten*, 01. 07. 2009

Michaela Schießl, Der sanfte Patriarch, in: *Der Spiegel*, 29/1997, S. 90–91

Moritz Schwarz, »Das ist mein Heimatland«. Der Unternehmer Wolfgang Grupp produziert nur in Deutschland. Eine Erfolgsgeschichte, in: *Junge Freiheit*, 08. 05. 2009

Rüdiger Soldt, Ein Grab für einen König. Wolfgang Grupps Privatfriedhof, in: *FAZ*, 03. 07. 2009

Frank Thomsen, Der Deutschland-Clan, in: *Stern*, 23. 02. 2006 [zum Kuratorium des Deutschen Gründerpreises]

Trigema 1919 bis heute. Beste Qualität – Made in Germany, [o. O.] 2002

Roger de Weck, Nach der Krise. Gibt es einen anderen Kapitalismus?, München 2009

Sybille Wilhelm, »Explosion der Gier«, in: *Der Handel*, Mai 2004 [zum Talkshow-Streit Zumwinkel – Grupp]

Hans Würgler, Liberalismusverrat oder Bankrott?, in: *St. Galler Tagblatt*, 05. 02. 2009

Stammbaum Familie Mayer–Grupp

1. Generation Firmenleitung

Josef Mayer (1896–1956) 1919 ⚭ Katharina Müller (1890–1978)

2 Kinder:

Änne Mayer (*1920)

Maja Mayer (*1922) ⚭ Dr. Engelbert Graf

2. Generation Firmenleitung

Dr. Franz Grupp (1905–2003) 1939 ⚭ Änne Mayer (*1920)

3 Kinder:

Birgitte Grupp (*1941)

Wolfgang Grupp (*1942)

Johannes Grupp (*1954)

3. Generation Firmenleitung

Wolfgang Grupp (* 1942) 1988 ⚭ Elisabeth von Holleuffer (* 1966)

2 Kinder:

Bonita Grupp (*1989)

Wolfgang Grupp (*1991)